埼玉学園大学研究叢書 第20巻

戦略的意思決定プロセス論の展開

文 智彦 著

八千代出版

はしがき

　本書の目的は、優れた戦略的意思決定プロセスを組織化するための基本原理を明らかにすることである。

　「戦略を決定すること」と「戦略を決定するプロセスを構築すること」は、意思決定主体の重要な役割である。このことは、戦略決定がうまくいかないとき、決定内容自体だけでなく、決定のプロセスも熟慮する必要があるということを意味する。組織運営の実践において、戦略の決定はトップ・マネジメントやリーダーなどの力量や経験にもとづき成し遂げられていることが少なからずある。このことはまた、実践上の問題であるだけでなく、経営学などのアカデミックな領域における理論の不十分さも示していると考えられる。

　本書は、以上のような理論的実践的問題を克服するために、社会科学における「実践的転回（practice turn）」にかかわる新しいアプローチにもとづきながら、戦略的意思決定プロセスを組織化するための基本原理を探究するものである。

　経済のボーダレス化および企業のグローバル化、情報革命が進展する中、不確実性が高まる現代社会においてこれまで以上に戦略的決定が重要性を帯びている。歴史を鑑みれば、戦略的決定は先史以来人類の主要な関心事であったと考えることができる。また経営学という学問領域の誕生とともに、意思決定という研究分野は重要な研究対象であった。経営学の古典、チェスター・Ｉ・バーナードの『経営者の役割』（1938 年）やハーバート・Ａ・サイモンの『経営行動』（1947 年）、経営戦略論の古典、イゴール・アンゾフの『企業戦略論』（1965 年）やケネス・Ｒ・アンドルーズの『経営戦略論』（1971年）、ヘンリー・ミンツバーグの『マネジャーの仕事』（1973 年）など初期の研究領域において、意思決定ないし戦略的意思決定は、主要な研究対象であった。

　かれら以降、数多くの戦略的意思決定に関する研究がなされてきたが、理論的にも実践的にも有効でスタンダードとなる完成された理論が形成された

とはいいがたいのではなかろうか。これが本書を記すに至った根本的な理由である。

　それゆえ、本書では、これまで展開されてきた戦略的意思決定プロセスに関する諸研究を批判的に検討し、新しい研究パースペクティブを採用しながら、戦略的意思決定プロセスの組織化のための理論の構築を模索する。この新しい研究パースペクティブとは、社会科学の領域において出現し、経営学の領域においても研究成果が蓄積されつつある「実践的転回」という研究潮流に関連するものである。とりわけ、社会科学において主要な立場を形成してきた量的研究アプローチとは対照的に、そこでは捨象される傾向にあったよりミクロな諸活動や、それらの相互作用について注目する質的研究アプローチを採用し、「生々しい」経営実践を考察するという立場に立つ。

　本書は、明治大学大学院経営学研究科に提出し、受理された博士学位請求論文「戦略的意思決定プロセスの形成—計画型モデルと創発型モデルの統合へ向けて」を大幅に加筆・修正したものである。博士論文として研究成果をまとめるに際して、多くの方々にご指導、ご支援を賜った。

　明治大学大学院経営学研究科の高橋正泰先生には学会や研究会でお会いするたび叱咤激励をいただき、さらに研究内容についてご指導いただいた。同研究科の歌代豊先生には執筆過程において貴重なご意見をいただき、また牛丸元先生には本研究に対して重要ご指摘をいただき、本書の内容に反映させていただいている。また明治大学大学院経営学研究科の院生時代以来、研究者としての道へと導いていただき、指導教授として、ときに自由に、またときに厳格に研究をご指導いただいた故権泰吉明治大学名誉教授に心より感謝申し上げる。故森恒夫明治大学名誉教授、故高橋俊夫明治大学名誉教授には、院生時代から単位取得満期退学に至った後にも、研究に関するご指導だけでなく、院生合宿等にお誘いいただき多大な刺激と知見をいただいた。また埼玉学園大学における経済・経営関連の研究会の座長、張英莉先生を中心に研究会メンバーに貴重なご意見・ご指摘をいただいた。

　本書の刊行には、埼玉学園大学より出版助成を受けている。峯岸進学長をはじめとする関係各位に深く感謝申し上げる。また、本書の出版に当たり、

快く引き受けてくださった八千代出版の森口恵美子社長ときめ細かな編集校正をしていただいた井上貴文氏に心より御礼申し上げる。

　以上、多くの方々にご支援・ご指導を賜ったことを心より感謝申し上げるしだいである。

文　智彦

目　　次

正しい戦略的意思決定プロセスを求めて

1. 戦略的意思決定プロセス研究の概要

　組織における意思決定主体の重要な役割は、意思決定をすることおよび意思決定プロセスを構築することである。組織における意思決定とりわけ戦略的意思決定はどのようなプロセスで行われているのか、またどのように行われるべきなのかについて探求しながら、いかに意思決定プロセスを構築すべきかについて理論的に明らかにすることが本研究の目的である。

　経営戦略論がアカデミックな領域に登場したのは 1960 年代であり、その重要な貢献者として、『経営戦略と組織』の Chandler, Jr.（1962）、『企業戦略論』の Ansoff（1965）、およびハーバード・テキストブック『ビジネス・ポリシー』の主要な貢献者である Andrews, *et al.*（1965）が位置づけられている（Rumelt, *et al.*［1994］、p.16）。本書で述べるように、Ansoff と Andrews において、戦略的意思決定プロセスについて詳細に検討されており、戦略的意思決定プロセスに関する研究もまた 1960 年代に登場したといえるであろう^{注1}。

　戦略的意思決定プロセスについて、Mintzberg, *et al.*（1976）は、「非構造化された（unstructured）」プロセスととらえている（p.246）。そして意思決定をアクションへの特定のコミットメント（通常、資源のコミットメント）として、また意思決定プロセスをアクションに対する刺激の識別に始まり、アクションへの特定のコミットメントをもって終わる一連のアクションとダイナミックな要因として定義している。ここでいう「非構造化された」とは、まったく同じ形式に遭遇することがなく、組織における事前に決定され明示化された秩序立った対応が存在しない意思決定プロセスに対して言及するものであ

る。そして戦略的とは、とられるアクション、コミットされる資源、あるいは作られた先例などに関して重要であることを単に意味するものである。

　またRumelt, *et al.*（1994）によれば、「戦略的であることは、目標の選択；提供する製品・サービスの選択；製品市場で競争するためにいかに企業自体を位置づけるか（たとえば競争戦略）を決定する諸政策のデザインとコンフィギュレーション；適切なレベルの範囲と多角化の選択；そして仕事を明確化し調整するために用いられる諸政策、諸経営システム、組織構造などのデザイン、を含む」（p.9）。本書でも基本的にこれらの定義にもとづき戦略的意思決定プロセスについて考察している。

　組織は基本的に、「計画と統制」対「創造性とイノベーション」、「硬直性」対「柔軟性」、など相矛盾するものが共存する複雑なシステムである。戦略的意思決定プロセスもまた、「合理的な計画」と「非合理的な創発」が混在する複雑なプロセスである。このようなプロセスのあり方を解明するために、戦略的意思決定プロセスに関する研究においては、合理的な計画型のプロセスと非合理的な創発型のプロセスのそれぞれの有効性について研究が展開されてきた。これらの研究の重要な成果と考えられるのは、戦略的意思決定プロセスの多様な「モデル」（研究者により「タイプ」、「モード」など表現は異なる）が提示されてきたことである。これらの成果は同時に、いくつかの議論を派生させている。その中の一つは、多様なモデルを「合理的・公式的・分析的な計画型モデル」と「非合理的・非公式的・行動的な創発型モデル」とに二分し、それらの優劣を論じることであり、二つ目は、各モデルに対するコンティンジェンシー要因および諸モデルの統合的フレームワークに関する議論などである。

　量的研究を中心に、これらの研究において多くの概念が明示され、仮説が提示され、検証されてきたが、これらの研究において、実行の問題が捨象されていると同時に、よりミクロな諸要素および諸要素間の相互作用や、より実践的なツール・テクニックについて深く論じられていないという限界をもつ。それゆえ、ダイナミックな環境に直面したとき、環境に関する体系的なスキャニングや慎重な長期計画の準備、代替案の詳細な分析をしなければな

らないという一般論的なインプリケーション（示唆）を提示できるだけである。それゆえ、より実践的な視点から具体的な意思決定プロセスを明らかにするために、意思決定は実際には誰によって、どのように、いつなされているのか、そこで求められるスキルや活用されているツールやテクニックを含む諸活動は何であるのか、またそれらの相互作用はいかなるものなのか、等々についてのよりミクロな組織行動の研究を行う必要性があると考えられる。このことはまた、戦略的意思決定プロセスにおける二分法を克服し、相矛盾するものが共存する複雑なプロセスのあり方を探究することにも貢献すると考えられる。

　そしてその際には、理論的にみて、環境要因をはじめとする組織の多様な内外の要因が戦略的意思決定プロセスを規定するととらえられているコンティンジェンシー・アプローチを再検討しつつ、戦略的選択アプローチ（たとえば、Child [1972]、Miles & Snow [1978] など、広い意味では、コンティンジェンシー・アプローチに含められる）や、社会的相互作用アプローチ（たとえば Mintzberg, et al. [1976]、Burgelman [1988] など）、さらには実践的アプローチ（たとえば、Jarzabkowski, et al. [2007]、Johnson, et al. [2003] など）、等々を考察する必要があると考えられる。

　最善の戦略的意思決定プロセスは環境に依存するととらえるコンティンジェンシー・アプローチに対して、戦略的選択アプローチは同じ環境下でも多様な選択肢があることを、社会的相互作用アプローチは多様な組織メンバーの相互作用により決定プロセスが生成されるものであることを、実践的アプローチは決定プロセスの形成において意思決定主体が果たす行為や役割を、それぞれ明らかにしていると考えられるからである。

　本書は、諸文献の分析にもとづき、戦略的意思決定プロセスを社会的相互作用のプロセスであるととらえつつ、このプロセスにおける諸活動およびそれらの相互作用関係に注目しながら、戦略的意思決定プロセスを組織化するための基本原理を探究することで、戦略的意思決定プロセス研究の発展に理論的実践的に貢献を果たすことを狙いとしている注2。

2. 本書の構成

　第1章では、戦略的意思決定プロセス研究における多様なモデル研究について考察を行い、これらの諸研究において議論されている論点とそこから派生するいくつかの課題を提示する。具体的には、戦略的意思決定プロセス研究において多様なモデルが提示されていること、それらを大きく分類するならば、計画型（あるいは意図型）モデルと創発型モデルとに分類されること、さらにこの2つのモデルをめぐって、それらの優劣を明らかにしようとする研究や、多様な要因との適合問題を提示しようとする研究が展開されていることなどを明らかにする。そして、多様なプロセスモデルと多様な環境要因との適合関係の究明および、計画型モデルと創発型モデル間の論争の解決により、独自の戦略的意思決定プロセスを組織化するための理論を提示することが本書の課題であることを示す。

　第2章では、戦略的意思決定プロセス研究における二分法にもとづく研究、とくに1960年代のホンダのアメリカ進出についての事例研究に関連する二分法にもとづく論争について検討する。まずは、この事例に対してボストン・コンサルティング・グループが行った「分析」とPascale（1984）が行った「説明」を考察し、つぎに、そこから派生した論争について検討する。Mintzberg（1990, 1991）とGoold（1996）との間の「分析」にかかわるところの論争について、Pascale（1996a, 1996b）やMair（1998, 1999）などの諸研究をふまえながら検討する。そしてMairが提示した、「計画」対「創発」という形で相対立するととらえられているプロセスを調整し選択する戦略的能力をより深く考察することが重要であることを明らかにする。

　第3章では、戦略的意思決定プロセス研究における計画型モデル批判とこの批判に対する計画型モデル研究からの反論に端を発した両者間の論争について検討する。ここでは計画型モデルの進化について明らかにし、またそれぞれの見解における問題点を指摘しながら両モデルの統合の可能性を主張する。

　第4章では、「計画型モデルと安定した環境との間」ないし「創発型モデ

ルと不安定な環境との間」に適合関係があるとする仮説、およびそれと対立する「計画型モデルと不安定な環境との間」ないし「創発型モデルと安定した環境との間」に適合関係があるとする仮説について検討し、後者の仮説の優位性について明らかにするとともに、両方の仮説とかかわる研究アプローチの限界について明らかにする。

第5章では、戦略的意思決定プロセス研究における多様なパースペクティブとそれらを統合しようとする諸研究の考察を行い、戦略的意思決定の特質や意思決定者の解釈や認識などの洞察力の問題、さらにそれらとの関連でいかに意思決定プロセスを選択・設計するかという問題が重要な課題であることを明らかにする。

第6章では、第5章までの諸研究をふまえて、戦略的意思決定プロセスの定義、戦略的意思決定プロセスの対象領域、構成要素、戦略的意思決定プロセスの諸ステージについて考察し、戦略的意思決定プロセスを「社会的相互作用のプロセス」ととらえた見解を検討し、戦略的意思決定プロセスの重要な構成概念として「意思決定者の洞察力」や、それを支援する「意思決定者のアクション」および「制度化されたプロセス」を抽出する。

第7章では、「意思決定者の洞察力」、「意思決定者のアクション」、「制度化されたプロセス」について検討し定義を示すとともに、それらに含まれる重要な構成要素を示し、また「意思決定者の洞察力」、「意思決定者のアクション」、「制度化されたプロセス」の相互作用について明らかにする。そしてBurgelman（2002）『Strategy is Destiny（邦訳「インテルの戦略」）』において分析された諸事例のうち成功例と失敗例について、本研究における「意思決定者の洞察力」・「意思決定者のアクション」・「制度化されたプロセス」の相互作用モデルにもとづき再検討し、それを通じて本書が示す相互作用モデルの妥当性について明らかにする。

第8章では、戦略的意思決定プロセスを戦略的選択・社会的相互作用・実践という3つのアプローチからとらえ、意思決定プロセスの構築にかかわるインプリケーションを提示する。戦略的意思決定プロセスを意思決定主体の戦略的選択としてとらえることにより、意思決定者によって選択・設計・修

正されるということを明らかにし、つぎに社会的相互作用としてとらえることにより、戦略的意思決定プロセスは、意思決定者の間あるいはグループ間の相互作用によって創出されるものであり、それゆえそこには多様なパターンが創造される可能性が多分にあるということを明らかにし、最後に、実践としてとらえることにより、このプロセスの創出においてなされる意思決定主体の役割について検討する。

第9章では、実践的アプローチ（とりわけ、アクティビティ・ベースト・アプローチ）における「レパートリー・ビルディング」および「即興」という考え方を考察し、それらを戦略的意思決定プロセスの組織化にいかに応用するかについて論じている。戦略的意思決定プロセスの組織化において重要なものは、意思決定主体のアクティビティ（活動）であり、それらに含まれるレパートリーは何であり、それらをいかに即興的に活用するかである。これらを検討しながら、戦略的意思決定プロセスの組織化に関するインプリケーションを提示する。

最後に、終章では、戦略的意思決定の組織化に関する研究の今後の課題を提示する。

注1　経営戦略論の誕生とともにその領域内で始まった戦略的意思決定プロセス研究であるが、いうまでもなく、それ以前の経営学とりわけ組織論における Barnard（1938）、Simon（1947）、政策決定の領域の Lindblom（1959）らの影響を受けている。

注2　ここで本書における「戦略的意思決定プロセスの組織化」が意味するところを説明しておく。後述する戦略的意思決定プロセスの諸モデル研究は、各モデルには必要な諸要素があり、それらについて一貫性をもってプロセスを「組み立てる」という見解である。このことの問題は、必要な諸要素とそれらの組み合わせが事前にあるということを前提としていることである。

本書では諸要素を取捨選択し、ときには創造して、それらを調和させながらプロセスを「練りあげる」という意味で「戦略的意思決定プロセスの組織化」という表現を使用している。Mintzberg（1989）の「戦略の形成」や「コンフィギュレーションの誘導」などの観点に意思決定者の役割を導入しながら、

戦略的意思決定プロセスを組織化するという発想である。つまり、ある一定の条件にもとづき状況に応じて選択肢を取捨選択あるいは創造しながら行動することにより、結果的に状況に適したプロセスが形成・創発されるということが想定されている。創発されるマクロの組織プロセスを事前に規範的に示すことはできないが、それを創発させるのに必要な個々のミクロの組織行動の選択肢ないしその組み合わせを規範論的に提示しようということが本書独自の試みである。

第 1 章

戦略的意思決定プロセス研究
における諸モデルと課題

は じ め に

　経営戦略論の重要な課題の一つに、「戦略はどのように策定もしくは形成されるのか」を明らかにするという課題がある。この課題に対して今日まで多くの研究（本研究では、戦略的意思決定プロセス研究と総称する）がなされてきたが、そこでは多様なアプローチが展開されている。これらの研究の重要な成果と考えられるのは、戦略的意思決定プロセスの多様な「モデル」（研究者により「タイプ」、「モード」など表現は異なる）を提示してきたことである。これらの成果は同時に、いくつかの議論を派生させている。その中の一つは、多様なモデルを「合理的・公式的・分析的な計画型モデル」と「非合理的・非公式的・行動的な創発型モデル」とに二分した、それらの優劣に関する議論であり、二つ目は、各モデルに対するコンティンジェンシー要因および諸モデルの統合的フレームワークに関する議論などである。本章では戦略的意思決定の諸研究を考察しながら、戦略的意思決定プロセス研究の抱える諸問題を明らかにし、この領域における課題を提示する。

　第 1 節では、戦略的意思決定プロセス研究における計画型モデルであるととらえられる Ansoff（1965）、Andrews（1971）、Hofer & Schendel（1978）などによる諸研究を検討し、そこでは意思決定がなされる諸プロセスやその中で検討されるべき事項について明示化されていることから、これらの諸研究について、意思決定が客観的分析を通じて合理的に行われることを前提とする規範論であると位置づける。このようなモデルは戦略的意思決定プロセスの多様なモデルの一つであるとして、このモデルを補完するさまざまなモデルが提示されている。それゆえ第 2 節では、戦略的意思決定プロセス研究に

おける多様なモデルについて考察を行う。ここでは戦略形成のパターンとして、Mintzberg（1973）が提示した企業家型（entrepreneurial mode）、適応型（adaptive mode）、計画型（planning mode）の3つのモードをはじめとして多様なモデルが提示されている。本章では、これらの諸モデルに関する考察にもとづき、そこで議論されている論点とそこから派生するいくつかの課題を明らかにする。

第1節　戦略的意思決定プロセス研究における計画型モデル

　Ansoff（1965）によれば、経営学はアートとして登場し発展してきたが、20世紀初頭にフレデリック・W・テイラー、ジョージ・E・メイヨー、アンリ・ファヨールらによって科学の原理が適用された。そしてその発展を歴史的にみれば、企業の内部の問題から外部の問題へと関心の焦点は拡大し、戦略の問題が最後にやってきたのである。Ansoff の企業戦略論は、当時部分的に登場していた戦略的な問題に対する分析的アプローチを総合して全体的な分析アプローチを構築し、実用性をもたせようとすることを狙いとしつつ、戦略的意思決定のニーズと機会の探求を狙いとする分析的手法を提供し、戦略策定に科学的手法を採用しようと試みている。

　Ansoff（1965）はまず、企業全体の意思決定を経営資源転換のさまざまな局面に関連づけ、戦略的意思決定（strategic decisions）、管理的意思決定（administrative decisions）、業務的意思決定（operating decisions）という3つのカテゴリーに分類している。戦略的意思決定は、「主として、企業の内部より外部の問題とかかわり、とりわけ企業が生産する製品ミックスと販売する市場の選択にかかわっている」（p.18）ものであり、つまり「戦略的問題とは、…その企業がどの事業に従事しているのか、どんな事業に参入していくのかについての意思決定の問題で」（p.18）あり、経営資源の配分パターンを決定する局面とかかわる。そしてこのような戦略的意思決定の分析手法として「適応的探求方法（adaptive search method）」が提示されている。その特徴は、①決定ルールを順次狭めて精緻化する「段階的（cascade）」アプローチ、②各段

階間のフィードバック、③各段階内のギャップ縮小プロセス、④目的とスタート時点での評価をいずれも適応修正、などである（p.35）。

　この手法にもとづく戦略的意思決定の策定プロセスは以下のようになる（Chap. 2）。

　戦略的分析が始まる引き金は、企業の環境や経営者の先見性などの理由から生じ、この引き金が引かれると、まず、①「企業目的」が明示され検討される。②「内部評価」が行われる。ここでは目標と現状とのギャップを見積もり、成長機会が拡大化—市場浸透・市場開拓・製品開発—にあるのか多角化にあるのかを明らかにする。③「外部評価」が行われる。これは、内部評価で多角化の必要性が明らかにされた場合、その潜在性にもとづいて順位づけられた産業リストと多角化するかどうかの明示的な経営上の決定を行うことである。④「シナジーと組織機構に関する決定」が行われる。各産業内で利用可能なシナジー効果の優位性を得るために、組織機構および管理上の配置を変えるかどうか、変えるとしたらどの程度のものなのかについての意思決定を行う。⑤「多角化の下位戦略」、⑥「拡大化の下位戦略」を策定する。諸機会は順序づけられ、非効率なものは却下される。ここで主要かつ困難なステップは、企業が多角化していく代替的なポートフォリオを構築し、それらを全体的な優先順位にランクづけすることであり、戦略構成要素である成長ベクトル、競争優位、シナジーを選択するプロセスと同時に進める。ここで企業の全体的な製品／市場戦略が作り上げられるが、その前に内部開発か吸収合併かの決定がなされる。⑦「管理戦略」を決定し、企業の組織的発展のためのルールを設定し、⑧「財務戦略」を決定し企業の成長のための資金調達に必要なルールと手段を明示する。

　Andrews（1971）は、ゼネラルマネジャーの機能の一つとして戦略の策定と実行をとらえ、ケーススタディから導き出した実践的示唆を提供している。

　策定過程は、「環境における機会と脅威」、「自社能力と経営資源」、「戦略策定者の価値観」、「企業の社会的責任」から成り立っている。

　Andrews によれば、企業の適切な戦略の策定は、当該環境における機会とリスクを明確化することから始まる。具体的には、経済戦略とは企業を当

該環境と関連づける企業能力と機会との適合として考察されるものであり、つまり企業の内部能力と外部環境とのコンビネーションなのである。Andrewsは、戦略的意思決定にかかわるところの環境の影響力について技術的、経済的、社会的、政治的なものに分類して考察している。このような環境の概念を整理した後に、環境変化を組織的・継続的に監視する方法を提示しようとし、つぎのような事柄を自問することで、環境の監視、つまり機会とリスクの確認に役立つとしている。

「企業の属する産業の基本的な経済的・技術的特性は何なのか」、「経済的・技術的特性における将来的変化を示唆する何らかの傾向がはっきりしているか」、「産業内や産業間における競争の性質はどんなものなのか」、「企業が属する産業内での競争に打ち勝つための必要条件は何であるのか」、「もっとも直接的に当てはまる技術的、経済的、社会的、政治的発展がもたらされた場合、当該産業内のあらゆる企業にとって利用可能な戦略の範囲はどんなものなのか」、等々である (pp.78-80)。

ところでこのように確認された諸機会の探求は、以下のような多様な形態をとるという。第一に、国内市場における量的拡大、市場拡大、マーケットシェアの拡大である。第二に、海外市場というような新しい地理的領域へと動き出す。第三に、垂直統合を行う。第四に、製品の多角化を行う (pp.81-82)。

しかしながらこれらのパターンを諸機会から選び出す前に、さらなる段階を踏まなければならない。それは、「企業能力と資源の決定」である (p.89)。つまり諸機会の選択に際し、企業がそれを成功裏に遂行できる能力を有しているかどうかとかかわるところであり、いわば自社の強みと弱みを把握するということである。

このように機会の確認および企業能力と資源の把握にもとづき選択される代替案は順次狭められるが、戦略の策定には、これらの経済的要因以外に戦略策定者の価値観が反映されるのである。つまり戦略には、戦略策定者の選好が反映されているのである。それゆえここでは、執行責任者の選好と最も擁護できる戦略選択肢との相違、および経済的な戦略だけでなく、個々人の

間で調整されなければならない個々の管理者間の価値観の間のコンフリクトについての調和が考慮されなければならないのである（p.106）。Andrews によれば、これらのコンフリクトは当然のこととして受け入れるべきであり、個人的な選好と最適な経済的戦略との一致のために必要なスキルに取り組まなければならない。

戦略策定に関連をもつ最後の段階は、企業の社会的責任である（p.118）。

以上、みてきたように、Andrews によれば、戦略は、「環境における機会と脅威」、「自社能力と経営資源」、「戦略策定者の価値観」、「企業の社会的責任」などについて考察されてから、それらの独自の結合によって策定されるものである。このような策定過程は、実行過程と相互依存的なものである。戦略の実行過程は、組織の構造および関係性のデザイン、行動に影響する組織プロセスの効果的な管理、効果的な個人のリーダーシップなどのような下位活動をもつ（p.179）。

Hofer & Schendel（1978）は、戦略を「組織がその目的を達成する方法を示すような、現在ならびに予定した資源展開と環境との相互作用の基本パターン」（p.25、訳 30 ページ）であると定義し、その構成要素は、領域、資源展開、競争優位性、シナジーからなるとしている。また戦略を全社戦略、事業戦略、機能分野別戦略の３つのレベルから分析している。本章では、基本的にどのような事業の集合体であるべきかということに関連する全社戦略を考察の中心とする。

かれらは、全社戦略策定プロセスの組織的および準組織的側面として、戦略策定のための組織のシステムおよび手続きのデザインと作成、戦略的事業単位の識別、戦略的事業単位の産業の魅力度と競争ポジションの評価、買収・撤退分析、全社レベルの戦略的意思決定の特質、等々を提示している。そしてボストン・コンサルティング・グループの開発したプロダクト・ポートフォリオ・マネジメントを発展させつつ、ポートフォリオ分析を活用した全社戦略の決定プロセスについて以下のようなステップからなるとしている（Chap. 4）。

全社ポートフォリオ分析：適切なポートフォリオ・マトリックスの選択、

産業の魅力度の評価、競争ポジションの評価、ユニークな産業機会と脅威の識別、戦略的事業単位のユニークな資源とスキルの識別、現在のポートフォリオ・ポジションの決定、などである。

全社レベルの戦略ギャップ分析：過去と未来の全社ポートフォリオの評価、全般的ポートフォリオ・バランスの評価、各戦略的事業単位が直面する主要戦略問題の識別、全社ポートフォリオへの一般環境動向の影響力評価、将来の成果ギャップの評価、などからなる。

主なギャップ縮小オプションの識別評価：全社レベルのギャップ縮小オプション、戦略的事業単位の投資戦略の変更、戦略的事業単位の競争ポジション戦略の変更、全社ポートフォリオへの戦略的事業単位の追加、全社ポートフォリオからの戦略的事業単位の削除、戦略的事業単位の政治戦略の変更、企業要求目標の変更、などからなる。

1960 年代に登場した経営戦略論において、経営者の直観にたよっていた戦略的意思決定に客観的分析を活用し、科学性を提供する合理的モデルを提示する規範論を展開した Ansoff（1965）や Andrews（1971）を中心に発展した初期の戦略的意思決定研究は、Hofer & Schendel（1978）によれば、以下のような 7 つのプロセスを含む。

①戦略の識別：その組織の現在の戦略と戦略構成要素の評価。②環境分析：その組織の直面する主たる機会と脅威を発見するための特定の競争環境とより一般的な環境の評価。③資源分析：つぎの第四ステップで識別された戦略ギャップを縮小するのに利用可能な主要なスキルと資源の評価。④ギャップ分析：どの程度現在の戦略に変更が必要なのかを決めるため、環境における機会と脅威に照らして、その組織の目標、戦略、資源を比較すること。⑤戦略代替案：新戦略が盛り込まれている戦略オプションの識別。⑥戦略評価。株主、経営者層、その他のパワー保持者や利害関係者の価値と目標、利用可能資源、およびこれらを最善に満たすような代替案を識別するため、現在の環境の機会と脅威という観点から戦略オプションを評価すること。⑦戦略選択：戦略実施の立場からする一つまたはそれ以上の戦略オプションの選択（p.47、訳 53-54 ページ）。

計画型モデル研究は、これらのプロセスにおける客観的分析を通じて合理的に決定を行うことを前提とする規範論である。これらの研究は、戦略的意思決定プロセスにおける基本的な構成要素を明示したという意味で評価できる。しかしながら、あくまでも基本要素を示したにすぎず、より詳細なミクロの構成要素の提示までには至っていない。またたとえば、戦略代替案がどのように生み出されうるかとかかわる詳細なプロセスを提示するものでもない。さらにこのようなモデルは、戦略的意思決定プロセスの多様なモデルの一つであり、「マネジャーが所与の組織的な意思決定プロセスに合うモデルを選択し活用しなければ、応用可能性や有用性は限定的である」(Shrivastava & Grant [1985]、p.97) と指摘できる。これらの見解をふまえ次節では、計画型モデルを補完するさまざまなモデルについて考察することとする。

第2節　戦略的意思決定プロセス研究における多様なモデル

Mintzberg (1973) は、組織の環境適応パターンとしての、戦略形成の3つのパターンを明らかにしている。戦略形成のパターンは、①企業家型 (entrepreneurial mode)、②適応型 (adaptive mode)、③計画型 (planning mode) の3つである。

「企業家型」の特徴は、戦略形成において新しい諸機会を積極的に探索することが優位を占めていること、権力が最高経営者に集権化されていること、不確実な環境に直面した際にダイナミックに飛躍すること、成長が主要な目標であること、等々である。「適応型」の特徴は、明確な目標がないこと、新しい諸機会を積極的に探索するというよりは既存の問題を受身的に解決すること、漸次的連続的に意思決定を行うこと、意思決定は分散的であること、等々である。「計画型」の特徴は、戦略形成において分析者が主要な役割を果たすこと、コストと便益を査定する体系的な分析に焦点をおくこと、意思決定や戦略を統一すること、等々である。

Mintzbergによれば、これらのパターンは、組織内で混合しており、職能ごとや親会社・子会社間、あるいは組織の発展段階などで異なったパターン

を有している。さらにこれらのパターンは規模やリーダーシップなどの「組織特性」および「環境」に関連づけられる。つまり、採用されるパターンは、組織がおかれた状況に適合しなければならないとされている。たとえば、予測不可能な環境下では適応型が、強いリーダーシップが存在するなら企業家型が、それぞれ望ましいとされている。また、科学性に限界があるとするならば、計画型は他のパターンとともに採用される場合にのみ適用されるべきであるとしている。Mintzberg は、以上のように環境および組織特性などのコンティンジェンシー要因と決定プロセスとの間の適合関係について示唆しつつ、後述するように、計画型モデル研究に対する批判を展開する。

　Miles & Snow（1978）は、戦略形成パターンに影響を及ぼす異なった組織機構を、①防衛型（defender）、②探索型（prospector）、③分析型（analyzer）、④受身型（reactor）の 4 つの類型に識別している。

　「防衛型組織」の特徴は、限られた範囲の製品と市場、効率性を指向した技術、および高度に専門化されかつ公式化された組織機構などであり、「探索型組織」の特徴は、広い範囲の製品と市場、柔軟性を指向した技術、および分権化された部門やプロジェクト間での経営資源を移動・調整する組織機構などである。防衛型組織と探索型組織は適応パターンの両極にあり正反対の性格をもつが、その両極間には「分析型組織」というタイプがある。分析型組織の特徴は、従来の製品と市場の基盤の維持と新しい製品と市場の開発、標準化された効率の高い生産システムと柔軟性に富んだ大規模で影響力のある応用研究グループの存在による安定と柔軟の二重の技術中核、技術と生産などの職能責任者にプロダクトマネジャーを加えた統制者の連合を形成し、安定性と柔軟性両方のバランスを追求する組織機構、などである。またこれらのような一貫した対応パターンをもたない組織を受身型組織とよんでいる。「受身型組織」の特徴は、経営者が組織の維持存続のための戦略を明確に提示できない、戦略は明確であるが技術や機構、過程などと適切に結びつけられていない、またはもはや環境条件に適していない特定の戦略や機構に経営者が固執している、などである。

　Miles & Snow は、いったん組織が形成され一種の適応パターンが形成さ

れると、戦略選択は形成された組織の適応パターンに制約を受けるとしており、このことは決定プロセスが採用される戦略に影響することを示唆している。

　加護野ら（1983）は、組織の戦略をオペレーション志向の戦略とプロダクト志向の戦略という次元で、また組織編成をグループ・ダイナミクスとビューロクラティック・ダイナミクスという次元でそれぞれ識別し、それらの2つの次元を組み合わせることによって組織の環境適応の方法を4つに類型化している。

　オペレーション志向の戦略とは、日常のオペレーションをもとに、帰納的でインクリメンタル（漸進的）に競争優位を確立することを志向する戦略であり、プロダクト志向とは、日常のオペレーションよりも製品に重点をおき、演繹的で非連続的に競争優位を確立することを志向する戦略である。つぎに、グループ・ダイナミクスによる組織編成は、集団を中心とした組織編成であり、その中での相互作用によって生じた価値や情報にもとづき意思決定とその実行を行うプロセス中心型の特性をもち、ビューロクラティック・ダイナミクスによる組織編成は、階層を中心とした組織編成であり、体系的な分業、権限と責任の明確化、伝達経路の公式化などにもとづき意思決定とその実行を行うという特性をもつ。

　これらの2つの次元の組み合わせによって、組織の環境適応パターンは、① V型（Venture）、② H型（Human relation）、③ S型（Strategy）、④ B型（Bureaucracy）に分類される。

　「V型」とは、プロダクト志向の戦略とグループ・ダイナミクスによる組織編成との組み合わせの適応類型であり、ベンチャー志向の組織にみられる類型である。頻繁な相互作用と価値・情報の共有、技術や製品へのコミットメントの形成、チームやタスクフォースの形成によって組織的統合と情報処理が行われる。そこでは、鮮度の高い情報が重視され、能動的なリスクへの挑戦が支配的な行動規範になる。

　「H型」とは、オペレーション志向の戦略とグループ・ダイナミクスによる組織編成との組み合わせの適応類型であり、集団内の人間関係が重要な組

織にみられる類型である。集団内・集団間の頻繁な相互作用、価値・情報の共有、緊張の醸成と注意の焦点、対人関係ネットワークを通じて組織統合と情報処理が行われる。連結ピン型のゆるやかな統合を行い組織全体の一体感を重視する。環境変化に対して、受動的に迅速に対応する。

「S型」とは、プロダクト志向の戦略とビューロクラティック・ダイナミクスによる組織編成との組み合わせの適応類型であり、トップおよび戦略スタッフによる合理的な戦略展開が重視される組織の類型である。階層、自己充足化、垂直的情報チャネル、計画、目標、業績主義の報酬が組織的統合や情報処理の手段である。環境分析および変化の予測により戦略を策定し、計画および実行の一貫性が行動規範である。

「B型」とは、オペレーション志向の戦略とビューロクラティック・ダイナミクスによる組織編成との組み合わせの適応類型であり、階層、規則、プログラム、機能的分業と職務に応じた報酬によって組織的統合と情報処理が行われる。自己の安定的なドメインを防衛し、規則の遵守が行動規範となる。

戦略形成は、B型やS型において分析や規則を通じて、V型やH型において学習や試行錯誤を通じてなされていると考えられる。加護野らにより、これらの適応パターンは、環境変化の性質、製品・市場の多様性、文化的・制度的な要因、企業規模や生産技術、等々の制約を受けることが指摘されている。

Mintzberg & Waters（1985）は、多様な戦略形成パターンにもとづき構築された戦略タイプを明らかにしている。①計画された戦略（the planned strategy）、②企業家的戦略（the entrepreneurial strategy）、③イデオロギーによる戦略（the ideological strategy）、④傘戦略（the umbrella strategy）、⑤プロセス戦略（the process strategy）、⑥連結されない戦略（the unconnected strategy）、⑦コンセンサス戦略（the consensus strategy）、⑧押しつけられた戦略（the imposed strategy）、などのタイプである。

「計画された戦略」は、公式計画から派生する戦略である。明確な意図、集権的リーダーシップ、公式コントロールによって支えられる。この戦略は最も熟慮的であり、引き続き安定するであろうと仮定する環境における既定

のパターンを単純に推定する組織においてみられる（pp.259-260）。

「企業家的戦略」は、集権的なビジョンから派生する戦略である。この戦略は、リーダーの個人的で明確化されないビジョンとしての意図、リーダーの個人的コントロールで支えられている。適応力により計画された戦略と識別される。オーナーによってコントロールされている企業家精神をもつ企業において共通してみられ、また危機的な状況に際してすべての行為者がビジョンをもつ個人の方向づけに従う場合には大企業においてもみられる（pp.260-261）。

「イデオロギーによる戦略」は、共有された信念から派生する戦略である。この戦略は、すべての行為者の集合的なビジョンとしての意図、教化（indoctrination）および／あるいは社会化を通じた規範的なコントロールに支えられている。集団のビジョンを変えるには集団的な心を変える必要があるために、またその起源は伝統や過去のカリスマにさかのぼるために、個人のビジョンに比べ動かしがたい。それゆえこの戦略では組織ではなく環境を変化させ、また組織を環境から隔離させることが目的となる（pp.261-262）。

「傘戦略」は、確立された制約から派生する戦略である。行為者に対する部分的なコントロールの下、リーダーは、他の行為者が各自の力で対応するための、あるいは複雑でおそらく予期できない環境に対応するための行動のガイドラインとしての戦略的な境界やターゲットを明確にする（pp.262-264）。

「プロセス戦略」は、プロセスから派生する戦略である。この戦略でリーダーは、他の行為者に戦略の内容（content）の局面を任せて、その範囲内でパターンを発展させるための柔軟性を他者に与えるシステムをデザインし、そのプロセスの局面をコントロールする。たとえば、誰に戦略を作成させるのかの決定のような組織における人員の配置（staffing）をコントロールし、また戦略を作成させる従業員の活動の場（context）を決定するための組織構造をデザインする。ボストン・コンサルティング・グループの事業ポートフォリオなどが典型である（pp.264-265）。

「連結されない戦略」は、自治領域（enclaves）から派生する戦略である。組織の他の部分とゆるやかに結びついて、行為者が集権的あるいは共通の意

図なしで、もしくはそれにまったく反して、一連の行動の中に自身のパターンを実現する。この戦略は、映画製作、病院、大学などの専門家の組織においてみられる。そこで専門家は組織全体というよりも自身の戦略を追求しているのである（pp.265-266）。

「コンセンサス戦略」は、行為者間のコンセンサスから派生する戦略である。相互調整を通じて、諸行為者は、集権的あるいは共有した意図がなければ広がってしまう諸パターンをまとめる。コンセンサスが信念のシステムから生じるイデオロギーによる戦略と異なり、ここではさまざまな行為者間の相互調整の中から生じる。そして、他者や環境への対応から学習し、それによって共通で予期しなかったパターンを見出すのである。このパターンは集合的な意図からではなく集合的な行動から生じる。この戦略の転換は徐々に推移する（p.267）。

「押しつけられた戦略」は、環境から派生する戦略である。直接的な押しつけを通じて、あるいは組織選択の暗黙的な先取りもしくは限定を通じて、環境が行為者のパターンを示唆する。ここまでの戦略が意図あるいは少なくとも意思によって形成されていたのに対し、この戦略は、集権的コントロールの存在にもかかわらず、環境が組織を一連の行動の中に押し込める。つまり組織に対する強力な外部の影響が戦略を押しつけるような場合に生じる。実際にはこのような環境決定論と戦略選択との間には妥協点があり、環境がすべての戦略を先取りしていることはまれであり、同じように環境が無制限の選択を提供することもまれである。傘戦略ではリーダーシップにより戦略のガイドラインが設定されるが、ここでは環境が限定をもうけているととらえられているのである（pp.268-269）。

Chaffee（1985）は、文献サーベイにより、異なった意思決定プロセスにもとづき構築された①線形型戦略（linear strategy）、②適応型戦略（adaptive strategy）、③解釈型戦略（interpretive strategy）という3つの戦略を識別している。

「線形型戦略」は、実行可能な組織目標を設定し遂行する計画や行動、そして統合された意思決定過程から生じる。戦略計画、戦略の策定、戦略の実

行を含む。トップ・マネジメントは、組織を変革する能力を有すると考えられており、かれらは、合理的意思決定過程を通じて、目標を明確化し、それを成し遂げるための代替案を考え出し、代替案が成功する可能性を重みづけし、どれを実行するかを決定する。重要な評価基準は利益と生産性であり、計画と予想を重要視することである。このモデルは以下のような前提をもつ。まずは、組織は緊密に結合されており、トップのすべての意思決定は、組織を通じて実行されうるということである。つぎに、環境は、比較的予測可能であるということ、そうでないとしても組織は環境から十分隔離されているということである。戦略問題が複雑になるにつれ、とくに1970年代中ごろ以降、このモデルへの関心は薄まってきている (pp.90-91)。

　「適応型戦略」は、組織がおかれた外的内的条件を継続して評価することによって生じる。このモデルの線形型モデルとの違いは、第一に、環境監視と変化が同時的継続的機能であること、第二に、目標よりも管理者の手段に対する配慮をより重視すること（また目標は組織と環境との連合体である）、第三に、戦略行動の定義が製品や市場を超えてスタイルやマーケティング、品質などの微妙な変化を包含すること、第四に、戦略について、トップへの集権化の度合いがより小さく、より多面的であり、一般的によりゆるやかに統合されているととらえていること、第五に、環境について、トレンドや事象、競争業者、利害関係者などからなる複雑な組織の生存支援システムであるととらえていること、などである。このモデルは以下のような前提をもつ。まずは、組織と環境はお互いオープンであり、また環境はダイナミックで予想が難しいということである。つぎに、組織は環境とともに変化しなければならないということである。このモデルは、線形型モデルよりも多くの複雑性や多様な変数を取り扱うが、実際の状況はより複雑になってきている (pp.91-93)。

　「解釈型戦略」は、社会契約論的視点にもとづいている。社会契約論的視点において、組織は自由意思をもつ諸個人によって受け入れられた協働の合意の集合としてとらえられており、組織の存在は、お互い利益交換のために協力し合う諸個人を引きつける能力に依存するとされている。このような視

点にもとづき、このモデルは、戦略を、組織とその環境が組織の利害関係者に理解されるメタファーもしくは準拠枠として定義づける。ここでの前提は、現実は「社会的に構成される」ととらえられ、認識者にとって正しいもしくは間違っているととらえられる客観的外的なものはないし、現実はむしろ、認識が他の認識との明白な一致に従って肯定されたり修正されたり取って代わられたりする社会的相互交換のプロセスを通して定義されるというものである。

　このモデルは適応型モデルのように環境とともに変化することよりもむしろ、線形型モデルのように環境を取り扱うものであるが、線形型モデルが環境を諸関係へ影響することを意図する組織行動の手段によって取り扱うのに対し、このモデルでは、シンボリックな行動やコミュニケーションを通して取り扱う。このモデルは、適応型モデルと同様に組織と環境はオープン・システムを構成しているが、参加者や潜在的参加者の態度が組織やその産出へ向かうよう形成され、物理的変化を行わない。この両モデルはまた複雑性の概念化においても相違がある。適応型モデルは組織の産出物に対し対立し変化する要請などの構造上の複雑性を取り扱い、解釈型モデルは多様な利害関係者間の態度や認識の複雑性を強調する（pp.93-94）。

　線形型モデルでは、リーダーは、目標を達成するためにいかに競争業者に対処するのかという計画を行い、適応型モデルでは、組織やその一部は、顧客の嗜好に結びつけられるために事前もしくは事後的に変化し、解釈型モデルでは、組織の代表者は、組織に好ましい方向へ利害関係者を動機づけるように意図された意味を伝達すると、それぞれとらえられている。

　Ansoff（1987）は、①有機的モデル（organic model）、②反応モデル（reactive model）、③アドホック・マネジメント・モデル（ad hoc management model）、④システマティック・マネジメント・モデル（systematic management model）などのモデルを識別している。

　「有機的モデル」は、政治学-社会学的視点にもとづく。このモデルにおいて、権力はいくつかのグループに配分され、どのグループも自分たちの意思を残りのグループに強いるのに十分な力はなく、結果として交渉や権力抗争

が選択のためのメカニズムとなる。多様な文化があり、共通のゴールに対する合意はない。政府や大学において観測されるように、資源を効果的に活用するという圧力がほとんどない環境においてのみ存続可能である。戦略形成は、管理されたものではなく、有機的であり、社会-政治的な諸力による偶然の産物である。

「反応モデル」は社会人類学的視点にもとづいている。緩慢で漸次的で競争の度合いが弱い環境下にある寡占企業などにおいてみられる。戦略形成は、組織業績における機能低下に反応的で慣性に従ったインクリメンタルな適応の産物である。

「アドホック・マネジメント・モデル」は、社会心理学的視点にもとづく。経営者は高い業績規範をもって企業を運営するが、共感的な歴史的文化の範囲で行うのであり、慣性の力が強い一方で、社内の文化と一貫するインクリメンタルな変化から離れないことでこの力を利用する。戦略形成は、組織のこれまでの歴史的な成功のステップにかかわる論理的インクリメンタルな延長の産物である。

「システマティック・マネジメント・モデル」は、論理的推論（logical reasoning）にもとづく。このモデルの初期の基本前提は、そうする必要性が明確になるときはいつでも新しい戦略ドメインへ企業を導くようトップ・マネジメントがコミットすること、マネジメントは新しいドメインの選択に際し包括的で論理的な分析に依拠すること、従業員やロワー・マネジメントはたとえ歴史的な慣性を損なうとしても「正当な事柄を行うであろう正当な人々」であるということ、等々であり、認知ロジックという単一の視点の上で構築されている。このモデルは実践においてしばしば失望を生んだ。このモデルの欠点は、認知ロジックに他の３つの視点を組み入れることを失敗したということである。このモデルの戦略形成は、環境変化への反応ではなく予測にもとづき、インクリメンタルな戦略と非連続的な戦略を比較しながら、組織全体で体系的に計画され協同的に執行されたものである。

Schwenk（1988b）は、Allison（1971）がキューバ・ミサイル危機に対するアメリカ政府の決定について論じた『決定の本質』における合理的行為者、

組織過程、政府内政治という 3 つのモデルを戦略的意思決定に援用し、①合理的-選択パースペクティブ（rational-choice perspective）、②組織パースペクティブ（organizational perspective）、③政治パースペクティブ（political perspective）にもとづく 3 つのモデルを提示している。

　「合理的-選択パースペクティブ」において、戦略決定は戦略決定者の意図的な合理的選択の結果であり、重要な意思決定者の認知構造や過程がその結果の相違に重大な相違をもたらす（Chap. 2）。

　「組織パースペクティブ」において、戦略決定は、「解のためのパターン」、「組織システム」、「戦略的・構造的適応のプロセス」と関連がある。解のためのパターンは、問題発見、情報収集、代替案構築、代替案の評価、決定などの多様な局面からなるフィードバックや中断を含む必ずしも秩序立っていない複雑なパターンのことである。組織システムとは、計画システム、評価・報酬システム、組織構造などであり、たとえば、集権化が大きいほど意思決定過程が意図的に合理的である可能性が大きくなり、公式化のレベルが高いほど意思決定過程が漸進的で標準運営手続きに従う可能性が高くなる。戦略的・構造的適応のプロセスは環境の要請に対応した組織の変化プロセスであり、この変化のプロセスには小規模な漸次的的変化と非連続的な飛躍的変化がある（Chap. 3）。

　「政治パースペクティブ」において、戦略決定は外部有力者のパワーないし利害関係者および、組織内部のパワーないし内部政治構造に影響を受ける。そして組織文化とイデオロギーがパワーの正当化および固定化を導き、政治的策略がパワーを遂行する（Chap. 4）。

　Schwenk は、これらのパースペクティブごとの別々の処方箋があるとしながらも、3 つのパースペクティブは戦略問題を理解し解決するために結合されなければならない（p.80、訳 77 ページ）ので、それらを結合した処方箋が必要であると述べ、天の邪鬼（devil's advocacy）の方法による構造的コンフリクト（structured conflict）の活用を提案している。これは組織内の対立する見方をもつ人々が構造的な議論や対話によって意思決定が改善されるという前提の下で、天の邪鬼（議論の過程において批判的見解を述べる役割を担う人）によっ

て意思決定過程に批判を公式的に導入するという手法である。

Hart（1991, 1992）は、以下のようなモデルを提示している（表1-1参照）。

「コマンドモード（command mode）」においては、戦略は、熟慮され十分に構築され、実行の準備がなされる。ヘンリー・フォードやビル・ゲイツのような個人もしくは小規模のチームが包括的なビジネス・プランをもち、続いて組織にそれを課す（pp.335-336）。

「シンボリックモード（symbolic mode）」においては、シンボルやメタファー、感情が中心的役割をなし、トップ・マネジメントは、スピーチや説得、スローガンなどで組織構成員の活動をガイドし、また組織構成員は、価値観共有などによる暗黙のシステムによって統制される。ビジョンとしては NEC の C&C（コンピュータとコミュニケーションの融合）、使命としては KOMATSU の「丸 C」（ライバルのキャタピラーを囲い込む）などがある（pp.336-337）。

「ラーショナルモード（rational mode）」においては、明示的な戦略構築のために可能な限り多くの情報がトップ・マネジメントによって考察され、それによって設定された計画に対する下位メンバーの監視と統制がなされる。1960-1970 年代のゼネラル・エレクトリックなどがこのような戦略計画システムを展開していた（pp.337-338）。

表 1-1　Hart の戦略的意思決定プロセスの統合的フレームワーク

種類	コマンド	シンボリック	ラーショナル	トランザクティブ	ジェネレイティブ
スタイル	（帝国的）リーダーもしくは小規模のトップチームによる戦略推進	（文化的）将来のビジョンや使命による戦略推進	（分析的）公式構造や計画システムによる戦略推進	（手続き的）内部プロセスや相互調整による戦略推進	（有機的）組織構成員のイニシアティブによる戦略推進
トップ・マネジメントの役割	（指令者）命令の提供	（コーチ）動機付けと鼓舞	（ボス）評価と統制	（促進者）権限付与と裁可	（スポンサー）是認と支援
組織構成員の役割	（ソルジャー）命令遵奉	（プレイヤー）挑戦に対応	（部下）システムに従う	（参加者）学習と改善	（企業家）実験とテイクリスク

Hart（1992）、p.334 より引用

「トランザクティブモード（transactive mode）」においては、認知の限界や環境の不確実性により、トップ・マネジメントが戦略の策定と実行を分離するには限界があるため、組織構成員間の職務横断的なコミュニケーションや相互作用、さらには供給業者や、顧客、政府、行政などとの継続的な対話を通じて戦略を形成する。ジャスト・イン・タイム方式やQCサークルなどにみられる相互作用や学習行動にもとづいている（p.338）。

「ジェネレイティブモード（generative mode）」においては、組織構成員の社内企業家的な自立的行動を中心に戦略を形成する。3M社にみられる「密造酒作り」などによって下位から生じた潜在力の高いイノベーションのパターンが戦略に反映される（pp.338-339）。

Hartは、以上のようなモードを識別しつつ、各モードと企業のパフォーマンスとの関連について、「いくつかのモードを一つの高度な『プロセス能力（process capacity）』へと結合することのできる企業が単一モードあるいはプロセスの能力の低い企業よりも、多様な次元でのパフォーマンスを期待できる」（p.347）ととらえている。

以上のように、戦略的意思決定プロセスの多様な「モデル」が提示されてきたが、同時に、この中に重要な議論が含まれる。その中の一つは、多様なアプローチを合理的・公式的・分析的な計画型アプローチと非合理的・非公式的・行動的な創発型アプローチとに二分し、それらの優劣を論じることである。次節では、これらの議論について検討する。

第3節　戦略的意思決定プロセス研究における諸モデルの検討と課題

前節までにみたモデル研究における論点を簡単に整理すると、戦略的意思決定プロセスには多様なモデルがあるということ、伝統的な計画型モデル研究に対する限界が指摘されていること、各モデルと環境を中心とするコンティンジェンシー要因との適合関係があるということ、各モデルには組成的ないし統合的モデルがあること、などである。これらの論点からいくつかの

議論が派生する。

　これらの諸モデル研究は、まず初期の合理的な計画型モデルがプロセスの客観的分析を通じて戦略的意思決定を合理的に行うことを前提とする規範論であり、このような規範的なモデルは、多様な戦略的意思決定プロセスの一つにすぎないとする見解が記述論的立場から提示されている。最も広くとらえればこの戦略的意思決定プロセスは、「行動する主体が、(a) 決定の前に、行動の代替的選択肢をパノラマのように概観し、(b) ここの選択に続いて起こる諸結果の複合体全体を考慮し、(c) すべての代替的選択肢から一つを選びだす基準としての価値システムを用いる、ことによって、自らのすべての行動を統合されたパターンへと形作ることである」(Simon [1997]、p.93、訳144ページ) という客観的合理性を前提とする意思決定から、ゴミ箱理論が示す複雑で不安定であいまいな状況下で「組織化された無秩序」(Cohen, *et al.* [1972]) な状況を前提とする意思決定までが含まれる。しかしこれまで検討してきた諸研究において、一方の極の完全無欠の経済人仮説を否定する制限された合理性の下での意思決定が前提となり、また他方の極のゴミ箱理論に対しても経験的研究においてその支持は弱くなっている (Eisenhardt & Zbaracki [1992])。

　上述した多様な戦略的意思決定プロセス研究の最も大きな成果の一つは、初期の合理的な計画型モデルが論じてこなかった、目標のあいまいさの下で、それぞれの利害をもつ多様な意思決定者が存在し、交渉や葛藤、連携の構築、説得などを持ち込む政治プロセスを明らかにしてきたことである。

　これらの研究はまた、多様なモデルと適合する環境や組織要因をはじめとするコンテクストを明らかにした。Mintzberg (1973) によれば、これらの戦略形成のパターンは、規模やリーダーシップなどの組織特性、および環境 (競争や安定性など) に関連づけられる。たとえば、企業家型は、権力が強力な一個人にある場合、環境においては組織が成長を志向できるように豊かな場合などに適しており、これらの条件は典型的には、組織が若く小規模である場合にあてはまる。適応型は、権力が分散している場合、環境が複雑で急速に変化している場合などに適しており、大規模で確立された組織にみられ

る。計画型は、権力が経営陣にある場合、環境がかなりの部分予測可能で安定している場合などに適しており、このパターンを活用するには公式の分析に十分費用を避ける大規模組織でなければならない。さらに実際には、これらのパターンは、組織内では混合している。ある組織はこれらのパターンを2つ以上混合して有していたり、職能分野ごとに違ったパターンを有していたり、親会社・子会社間で違ったパターンを有していたり、組織の発展過程において違うパターンを有するようになったりする。

　Ansoff（1987）の4つのモデルはそれぞれ、一方で組織の内的コンフィギュレーション／ダイナミクスによって、他方で受ける環境圧力によって、決定される妥当性のドメインをもつ。Ansoff（1987）は、環境および組織風土と、戦略的意思決定パターンとの適合について以下のように論じている。有機的モデルは、権力が配分され組織文化が多様で環境圧力が弱い場合に、反応モデルは、権力が配分され組織文化が単一で環境圧力が穏やかな場合、アドホック・マネジメント・モデルは、権力が分権的で組織文化が単一で環境圧力が強力な場合、システマティック・マネジメント・モデルは、権力が強力に集中され組織文化を転換し環境圧力が非常に強力な場合にそれぞれ妥当性をもつのである。

　Hart（1992）もまたつぎのような適合関係を示し（表1-2参照）、いくつかの命題を提示している。

命題1a：シンボリック、ラーショナル、トランザクティブなどの戦略形成
　　　　モードはコマンドやジェネレイティブモードよりパフォーマンス
　　　　が高いと予想する。
命題1b：ミッションとビジョンの強調が所与とするなら、シンボリックモー
　　　　ドは将来のポジションと成長／シェアと正の関係を持つ。
命題1c：フォーマル・プランニングとコントロール・システムの強調を所
　　　　与とすれば、ラーショナルモードは現在の収益性と成長／シェア
　　　　と正の関係がある。
命題1d：フィードバックと学習の強調を所与とすれば、トランザクティブ

表 1-2　Hart による各モードに適合するコンティンジェンシー要因

コンティンジェンシー要因	コマンド	シンボリック	ラーショナル	トランザクティブ	ジェネレイティブ
環境	単純；低レベルの複雑性	ダイナミック；急速で急進的な変化	安定；低度の変化	複雑；多数の利害関係者	乱気流；ダイナミックで複雑
企業規模	小規模	中規模	中規模	大規模	無関連
企業発展の段階	無関連	急成長；方向転換	安定的成長	成熟	無関連
戦略志向	無関連	先見的変化（探索型／分析型）	固定したポジション（防衛型）	継続的改善（分析型）	イノベーション（探索型）

Hart（1992）、p.342 より引用

モードは品質と社会責任と正の関係がある。

命題 1e：全社的なトップ・マネジメント・コントロールへの方向を所与とすれば、コマンドモードはどのパフォーマンスの次元とも関係がない。

命題 1f：従業員のイニシアチブへの完全な依存を所与とすれば、ジェネレイティブモードはどのパフォーマンスとも関係がない。

命題 2a：コマンドモードは相対的に単純な環境における小規模組織のなかで最も一般的である。さらにコマンドモードはこのような状況で高いパフォーマンスと関係するだろう。

命題 2b：シンボリックモードはダイナミックで変化の速い環境において積極的に対応する戦略に従い、急速な成長や方向転換をする企業に最も一般的であろう。さらにシンボリックモードはこのような状況で高いパフォーマンスと関係づけられる。

命題 2c：ラーショナルモードは相対的に安定した環境において築いた戦略ポジションを守りながら安定的に成長する、より大規模な企業間で最も一般的であろう。さらにラーショナルモードはこのような状況で高いパフォーマンスと関係づけられる。

命題2d：トランザクティブモードはサプライヤーや顧客、その他利害関係者間の複雑な相互作用と異種混合によって特徴づけられる成熟産業において、「分析者」戦略に従う大規模企業間で最も一般的であろう。さらにトランザクティブモードはこのような状況において高いパフォーマンスと関係づけられる。

命題2e：ジェネレイティブモードは、試行することが競争上の成功にとって重要である乱気流の（複雑で急速に変化する）事業環境において競争する企業間で最も一般的であろう。ジェネレイティブモードはこのような状況で高いパフォーマンスと関係づけられる。

命題3a：企業が多様な戦略形成モード（高度のプロセス能力）において能力を開発できればできるほど、すべての次元でパフォーマンスが良くなる。

命題3b：パフォーマンスの高い企業ほど戦略形成の両端のモードを結びつけているだろう。

命題3c：パフォーマンスの低い企業は戦略形成の中央辺りのモードを結びつけているだろう。

　これらの研究はまた、二分法という問題を内包している。たとえば、公式システムズ・プランニング（the formal systems planning）・アプローチと権力‒行動（the power-behavioral）アプローチ（Quinn [1978]）、合理的／分析的コンセプトと行動的／政治的コンセプト（Fahey [1981]）、シノプティック（synoptic）・プロセスとインクリメンタル（incremental）・プロセス（Fredrickson [1983]）、規範的スクールと記述的スクール（Mintzberg, *et al.* [1998]）、等々のような二分法にもとづく研究がある（これらの二分法に関しては、次章で詳細に検討する）。そこではとくに、Mintzberg（1973, 1978, 1994）にみられるように、初期のころから合理的計画型モデル研究に対する行動的創発型モデル研究による「計画型モデルは万能薬ではない」という批判が展開されている。

　Mintzberg（1978）は、戦略を「計画」と同義で用いる経営学における代表的な定義について、「一連の意思決定のパターン（a pattern in a stream of decisions)」（p.935）であると定義し直し、ある領域における一連の意思決定が一定期間継続性を示した場合戦略は形成されたと考え、従来の戦略定義が意味する「意図された戦略（intended strategy）」の他に「創発された戦略（emergent strategy）」があることを指摘し、「戦略決定者は、特定の意思決定をする前に意識的なプロセスを通じて戦略を策定する（formulate）、あるいは戦略は一連の意思決定によって徐々に、おそらく意図されず形成する（form）のである」（p.935）と述べている。そして、計画型モデルは意識的な戦略策定についてのモデルであり、意図されずに事後的に認識できる戦略形成について説明できないとしている。後述するように、このような批判に対してまた、計画型モデル研究からの反論がある。

　またこれらの研究において、各モデルと環境を中心とするコンティンジェンシー要因との適合関係における議論が展開されている。安定的な環境下では計画型モデルが、不安定な環境下では創発型モデルが、それぞれ適しているということであるが、これと矛盾する不安定な環境において計画型モデルが適しているという見解がある。つまり、環境と戦略形成プロセスとの適合関係に関する議論において、「不安定な環境下では創発型の戦略形成プロセスが適しており、また安定的な環境下では計画型の戦略形成プロセスが適している」という仮説と、これと矛盾する「不安定な環境下では計画型の戦略形成プロセスが適しており、また安定的な環境下では創発型の戦略形成プロセスが適している」という仮説が提示されている。さらに戦略的意思決定プロセスの諸モデルとコンティンジェンシー要因との適合関係について、より包括的に論じる研究動向がある。そこでは、環境、組織、意思決定の特質などの多様なコンテクストをよりミクロな視点まで掘り下げつつ適合関係が考察されている。

　以上のような研究動向において、戦略的意思決定プロセス研究の課題として、「計画型」対「創発型」という二分法の問題があり、この問題に対してどちらの立場が正しいのかに関する議論を検討する必要がある。さらに各モデルのコンティンジェンシー要因との適合問題を明らかにするという課題がある。

小　　括

　本章では多様な戦略的意思決定プロセスモデル研究について考察を行い、そこで議論されている論点とそこから派生するいくつかの課題を明らかにした。

　具体的には、戦略的意思決定プロセス研究において多様なモデルが提示されていること、それらを大きく分類するならば、計画型モデルと創発型モデルとに分類されること、さらにこの2つのモデルをめぐって、それらの優劣を明らかにしようとする研究や多様な要因との適合問題を提示しようとする研究が展開されていることなどを明らかにした。そしてさらにこれらの論点にもとづき、この領域における研究課題は、多様なモデルの妥当性の検証、計画型モデルと創発型モデルとの間の二分法の克服、それぞれのモデルと環境要因をはじめとする多様な要因との適合問題の検討、計画型と創発型両モデルの統合または融合の模索であると考える。さらに戦略的意思決定プロセス研究において、プロセスと多様な要因との関係の究明と、計画型モデルと創発型モデル間の論争の解決により、本研究独自の戦略的意思決定プロセスのデザインのための原理を探究することが課題であると考える。

　次章ではまず、課題の一つである戦略的意思決定プロセス研究における二分法にかかわるところの計画型モデルおよび創発型モデルそれぞれにもとづきなされた戦略分析に関する論争について考察を行うこととする。

第 2 章
- - - - - - - - -

戦略的意思決定プロセスの事例研究
における二分法の考察

はじめに

　戦略的意思決定プロセス研究の重要な成果と考えられるのは、戦略形成プ
ロセスの多様な「モデル」（研究者により「タイプ」、「モード」など表現は異なる）
が提示されてきたことである。たとえば前章で検討した、Mintzberg（1973）、
Mintzberg & Waters（1985）、Ansoff（1987）、Schwenk（1988b）、Hart（1991,
1992）、他多数の研究がある。これらの諸モデルをどのように取り扱うかに
よって、これらのモデル研究の動向からいくつかの問題が導き出される。

　これらの諸研究は、組織の意思決定プロセスに関する記述的研究にもとづ
き、そのプロセスが多様な段階やステップを含み、多様なメンバーの相互作
用により決定がなされる複雑でダイナミックなプロセスであることを明らか
にした。つまり戦略的意思決定プロセスが従来は合理的プロセスとされてい
たのに対して、記述的研究にもとづき多様なプロセスが明らかにされたので
ある。これらのプロセスは多様でありながら、前述した諸研究にみられるよ
うに、大きくは「合理的・分析的・包括的なプロセス」と、「創発的・行動
的・政治的なプロセス」とに二分されている。

　本章では、戦略的意思決定プロセス研究における事例研究の検討に際して
展開された計画型モデルと創発型モデルとに二分した諸議論について考察し、
この二分法を克服するものとしてのプロセス能力を明らかにする。ここでい
うプロセス能力とは、組織の長期的な戦略展開に応じて、たとえば計画型モ
デルのアプローチと創発型モデルのアプローチとを調整するための戦略的調
整および選択能力である。

　第 1 節では戦略的意思決定プロセス研究における二分法にもとづく研究に

ついて概観し、第2節ではこの二分法にもとづいてなされた、1960年代の
ホンダのアメリカ進出に関する2つの事例研究について考察する。一つはボ
ストン・コンサルティング・グループによる「分析」にもとづく研究で、も
う一つはPascaleによる「説明」にもとづく研究である。第3節ではこれら
の事例研究にかかわる論争について考察する。そこでは主に、Mintzbergと
Gooldとの間の論争についてPascaleやMairなどの諸研究を検討しながら
考察し、Mairが提示した「計画」対「創発」など相対立するととらえられ
るプロセスを、調整および選択する戦略的能力を検討することが重要である
ことを明らかにする。

第1節　戦略的意思決定プロセス研究における二分法

　Mintzberg（1978）によれば（pp.945-946）、戦略には、実現した意図された
戦略である「熟慮された（deliberate）戦略」と、意図されなかったが実現し
た戦略である「創発された（emergent）戦略」とがある。熟慮された戦略は、
策定者が十分に情報を、少なくとも実行者と同じぐらいもっており、かつ環
境がかなり安定的で少なくとも予想可能であるという条件下で「策定」され
る戦略である。そのような条件下でなければ、（Mintzberg［1973］のいう計画型
ではなく適応型によって学習しながら）創発された戦略が「形成」されることと
なる。つまりMintzberg（1978）は、戦略構築には戦略策定というプロセス
と戦略形成というプロセスがあることを示唆している。
　Quinn（1978）もまた戦略的意思決定プロセスを公式システムズ・プラン
ニング・アプローチ（the formal systems planning approach）と権力-行動アプ
ローチ（the power-behavioral approach）の2つのアプローチに分類している。
　まず前者は以下のような特徴をもつ。
　①自社の内部状況（強み、弱み、コンピテンシー、問題）の分析、②現在の製
品ライン、利益、売上高、投資の必要性に対する将来へ向けての企画、③機
会や脅威に関して選択された外部環境と反対者の行動の分析、④下位グルー
プの計画にとってのターゲットとしての広範な目標の設定、⑤期待される結

果と求められる結果間のギャップの明確化、⑥計画している前提の諸部門への伝達、⑦より専門的な目標や資源の必要性、支援行動計画をもつ下位グループからの計画の提示の要請、⑧ときおり、代替案、緊急性、長期の機会についての専門的な研究の依頼、⑨諸部門の計画についての吟味と承認、およびこれらの全社的なニーズへの組み入れ、⑩計画に関連するとされる長期予算の開発、⑪計画の実施、⑫（おそらく計画に対してであるが通常は予算に対しての）成果の監視と評価、などである。これらの特徴をもつ公式システムズ・プランニング・アプローチは、戦略を計画する際に体系的に含まれるべき要素を示し、これらの諸要素をどのように分析し関連づけるかということを指摘する規範的な特性をもつ。

つぎに、後者は以下のような特徴をもつ。

①組織における多元的な目標構造、②戦略的意思決定における政治学、③経営陣の駆け引きと交渉のプロセス、④意思決定における（最適化と反する）満足化、⑤戦略的経営における連立の役割、⑥公的領域における「muddling（どうにか切り抜ける）」の実際、などの特徴をもつ。このような権力-行動アプローチは、戦略形成における重大な心理的、権力的、行動的関係についての重要な洞察を提供するという特性をもつ。

Quinn（1978）は、公式システムズ・プランニング・アプローチは、「現実的に企業戦略を決定する事象の継続的な流れにおける一つの分野にすぎない」（p.7）し、また権力-行動アプローチは、「戦略家にたいしてほとんど規範的なガイドラインを提供しない」（p.8）と述べ、「ロジカル・インクリメンタリズム」という概念を提示している。このアプローチのエッセンスは、以下のようなものである。

効果的な戦略は一連の戦略的サブ・システムから、規律的な方法でもって生じるが、それらは、企業の戦略となる凝集的なパターンへと、インクリメンタルに機会主義的に融合される。このサブ・システムの背後にあるロジックは、非常に強力で、ある程度の大企業における戦略の主要な構成要素を策定するための戦略形成の規範的なアプローチとして役立つ。しかし認知やプロセスの限界のため、「ロジカル・インクリメンタリズム（論理的漸進主義）」

と記述されるアプローチで管理されリンクされなければならない。このような
なインクリメンタリズムは、戦略形成の分析的局面と行動的局面両方を改善
し統合する目的的で有効的で事前に行われる管理技術である。このようなア
プローチが求められるのは以下のような理由からである。

　内外の事象はしばしば、経営陣には統制しえないものであり、このような
事象の起きるタイミングや性質などは前もって知ることはできず、またそれ
に対するすべての可能な選択肢とその結果を分析するのに十分な時間や資源、
情報がないかもしれない。その中での早期の意思決定は、新しい推進力や慣
例を、あるいは後戻りが困難な機会の喪失を意味する。そして代替的行動の
十分な意味合いを理解していない。それゆえトップ・マネジメントは突然
陥った事象にインクリメンタルに対処し、すべての関係者は、前提をテスト
し、他者の対応から学び適応する機会をもつことを求める。インクリメンタ
リズムを活用することは、①主要な意思決定上の認知とプロセスの限界に対
処し、②これらの意思決定が求める論理的分析的フレームワークを構築し、
③戦略を効果的に実行するために必要とされる人的組織的な認識、理解、受
容、関与を創造するのに役立つ (p.10)。

　実際、公式計画の実践がインクリメンタリズムを制度化する。ほとんどの
計画は、長続きしていたり前もって十分交渉され広く定義された前提や目的
に対応してボトムアップによって生じる。ほとんどの経営者は、計画を、目
的をもって青々としたまま (ever green) にデザインし、そしてインクリメン
タルに形成される将来の意思決定に対して一貫性をガイドし提供するフレー
ムワークとしてのみ意図しているのである。したがって、本来、策定された
公式計画はインクリメンタル・ロジックの一部分でもある。経営陣はまた、
社内政治や構成員の創造性への動機づけという意味でもインクリメンタルな
戦略形成プロセスを重視する。過度の厳格性を作り出すことを避けるために、
そして構成員の創造性を刺激するために、初期においては、問題を広いまま
に意思決定をあいまいなままにしておくのである。

　Fredrickson (1983) は、Lindblom (1959)[注1] および Mintzberg (1973) をは
じめとする諸研究から共通点を抽出し、戦略的意思決定プロセス研究におけ

る対立する 2 つのアプローチを、シノプティック（synoptic）・プロセスとインクリメンタル（incremental）・プロセスという 2 つのプロセスに整理している（表 2-1）。前者は、Andrews（1971）や Ansoff（1965）、Hofer & Schendel（1978）などの合理的-包括的な意思決定プロセスを、後者は Lindblom（1959）

表 2-1　戦略的意思決定におけるシノプティック（synoptic）・プロセスと
　　　　インクリメンタル（incremental）・プロセスの相違

特徴	シノプティック・プロセス（合理的包括）	インクリメンタル・プロセス（漸進的非包括）
開始への誘因	プロセスは継続的な監視の間に現れる諸問題あるいは諸機会に対応して開始される。	プロセスは現状に関する問題あるいは不満足に対応して開始される。
目標のコンセプト	プロセスは明示化された目標あるいは将来の意図される状況の達成に方向づけられる。	プロセスは現状の部分的変更の達成に方向づけられる。プロセスは「改善的」である。
手段（代替案）と目的（目標）の関係	目標は事前に代替案の分析と関係なく明確化される。意思決定は「目標-手段」のプロセスである。	改善的変更の結果は、それを達成する手段が分析されることと同時に考察される。
選択のコンセプト	代替案の最終選択は、目標の達成にどのくらい貢献するかに依存する。意思決定の質は、意思決定が明示された目標に最善の手段を提供したことが示された時にのみわかる。	代替案の最終選択は、考察された代替案（手段）とそれらにより起こりうる結果（目的）とを結合することと、同時に最も求められる成果を生むものを選択することによってなされる。意思決定の質は、代替案（目的に対する手段）の選択によって達成される合意により判断される。
分析上の包括性	個別の意思決定がなされるとき、プロセスは目標の明示と選択、代替案の生成と評価において余すところがない。すべての要素が考察される。	個別の意思決定がなされるとき、戦略は、代替的な行動として現状のままいくつかの代替案のみ、そしてそれらの評価における限定的な範囲の結果のみ考察する。起こりうるすべての要素が考察されるのではない。
統合的包括性	ほかを補強することを確実にするために全体戦略を構成する意思決定を統合する意識的な試みがなされる。戦略は意識的に開発され全体として統合されるものとしてとらえられる。	他へ影響しうる個別の意思決定を意識的に統合する試みはほとんどなされない。戦略は個別に取り扱われる意思決定のゆるやかに結びついたグループとしてとらえられる。

Fredrickson（1983）、p.566 より

や Mintzberg（1973）、Quinn（1980）などのインクリメンタルな戦略的意思決定プロセスをそれぞれ反映しており、開始への誘因、目標のコンセプト、手段（代替案）と目的（目標）の関係、選択のコンセプト、分析上の包括性、統合的包括性などの要素において相違がみられる。

　Burgelman（1983）は、大企業がイノベーションをするための社内ベンチャー研究を通じて、戦略形成プロセスのモデルとして、「戦略行動」、「企業コンテクスト」、「全社的戦略コンセプト」の相互作用のモデルを提示している。戦略行動は、「誘発された（induced）」戦略行動と「自律的な（autonomous）」戦略行動の2つのカテゴリーに識別されている。企業コンテクストは、「構造的コンテクスト」と「戦略的コンテクスト」という2つのプロセスを含む。

　構造的コンテクストは既存の戦略コンセプトの範囲内での戦略展開とかかわり、組織の戦略的行為者の認識している関心を変化させるよう経営陣が操作する経営管理メカニズムを意味し、全体の構造的コンフィギュレーション（配置・形状）や職位と関係の公式化の程度、プロジェクトスクリーニング（事業の選別）の基準、管理業務の測定、企業家的イニシアチブへ向かう特定のミドルレベルの管理者の任命などを含む。このコンテクストに影響される誘発された戦略行動は、諸機会を明確にするために現在の戦略概念によってもたらされる戦略行動であり、現在の構造的コンテクストや戦略計画システムから生じるものである。たとえば、既存の事業内での新製品開発プロジェクトや既存の製品に対する新市場開発プロジェクト、既存の事業内での戦略的資本投資プロジェクトなどが含まれる。この一連の相互作用は戦略的意思決定の「計画型モデル」と関連するものと考えられる。

　これに対して、自律的な戦略行動は、諸機会の新しい定義とかかわり、製品／市場レベルで企業家的参加者が新たなビジネスを認知し、新たな諸機会に全社的資源を動員する努力を擁護するプロジェクトに従事し、さらなる展開に弾みをつけるための戦略的推進力を遂行する行動であり、それが戦略的コンテクストに影響を及ぼす。このコンテクストは製品／市場レベルでの戦略行動を全社的戦略コンセプトへ関連づけるミドルレベルの管理者の努力を

反映したものである。そこでミドルレベルの管理者は、自律的な戦略イニシアチブに意味をもたせ、新しい事業開発と一致する実行可能な魅力的な戦略を形成し、全社的戦略コンセプトを修正することによってこれらのイニシアチブを遡及的に正当化するためにトップ・マネジメントを納得させる政治的活動を行うこととかかわり、自律的な戦略行動と全社的戦略コンセプトとの間に介在し、戦略行動を全社的戦略コンセプトへと展開させていく。この一連の相互作用は戦略的意思決定プロセスの「創発型モデル」と関連するものと考えられる。

　このように Burgelman は、既存の製品／市場の範囲内での戦略展開において計画型モデルが、新たな事業機会における戦略展開において創発型モデルが、それぞれ適しているという意味で、企業内において併存しうるプロセスであるととらえていると考えられる[注2]。

　以上、戦略的意思決定プロセスを２つのアプローチに分類する諸研究を示したが、上述したようにこれらの研究において、２つのアプローチのうちどちらの見解が正しいのか、あるいはそれらは統合もしくは融合されうるのか、等々の論点がある。

　次節において、この２つのアプローチと関連するところの分析的計画モデルと適応的学習モデルという相反するモデルにもとづき、それぞれ検討されたホンダのアメリカオートバイ市場への進出に関する諸研究を考察することとする。

第2節　戦略的意思決定プロセスの事例研究における　　　二分法の考察—ホンダのアメリカ進出に関連して

1.　ボストン・コンサルティング・グループによる「分析」

　ボストン・コンサルティング・グループ（以下 BCG）は、イギリス政府への「イギリスのオートバイ産業の戦略代替案」という報告書の中で、日本企業であるホンダのアメリカ進出についての分析を行っている。

この報告書によれば、1960年以前のアメリカのオートバイ市場は主として、アメリカのハーレー・ダヴィットソン社、イギリスのBSA社、トライアンフ社、ノートン社、イタリアのモトグッチ社などにより占められていた。第二次大戦後、オートバイは警察や軍において仕事上利用される以外には限定的な人々が利用していた。その人々は間違いなくまともな人々であったが、他方で黒い革ジャンを着た乱暴者というのがオートバイ利用者のステレオタイプのイメージであった。

　1959年にアメリカに進出したホンダは、確立されたオートバイ利用者ではなく、以前は決してオートバイについて顧慮しなかった一般の人たちへ販売するという政策をもって、小型軽量オートバイをアメリカ市場に推し進め始めた。これは3段変速トランスミッション、オートマチック・クラッチ、5馬力、電動スターター、そして女性ライダーのためのステップ・スルー・フレームなどを備えており、また運転が容易であった。さらに小売価格はアメリカやイギリスのメーカーの排気量等のより大きなものと比べ断然安く、初期のころから競争業者よりも生産性が優れていた。競争業者に比べ1960年におけるホンダの研究開発部門の人員は多く、一人当たりの生産高も高かった。1959年にはすでに世界最大のオートバイメーカーだったのである。1961年には125社の小売業者をそろえ、地域での広告に15万ドルを費やした。「素晴らしき人々、ホンダに乗る」という広告テーマで若い家族に直接的に宣伝したが、これはステレオタイプの乱暴者とオートバイを切り離すための意図的な試みであった。

　BCGの報告書によればまた、ホンダは一貫した構図を示している。資本集約的で高度に自動化された技術の結果として、モデルごとの大量生産により高い生産性を提供するというのが日本の製造業者の基本哲学である。それゆえマーケティング戦略は大量生産をするモデルの開発に向けられている。つまり、本国での支配的な市場ポジションにもとづく低価格メーカーであるホンダは、素晴らしき人々という新しい顧客層を再定義し、積極的な価格設定と宣伝・広告を探求することにより、アメリカ市場で支配的な地位を獲得したというのである。

2. Pascale による「説明」

　Pascale (1984) は、1982 年に日本でホンダの役員を取材し、1959 年のホンダのオートバイによるアメリカ市場進出とその後支配的な地位を占めるに至るまでに相次いで起きた出来事 (the sequence of events) を詳細に記述している。そこでは、前述の BCG の分析とは対照的に、さまざまな誤算や幸運な発見、組織学習などに焦点を当てた物語が展開されている。さらにホンダの発展に欠かせなかった創業者の本田宗一郎氏とそのパートナーの藤沢武夫氏の個性と、日本国内でのホンダの発展について記述されている。

　かれが取材した役員によれば、当時ホンダには、アメリカで何かが売れるかもしれないという考え以外の戦略があったわけではなかった。アメリカ市場は新しいフロンティアであり新しい挑戦であり、これは本田宗一郎氏が叩き込んだ「無理して成功する、やってみなはれ」という文化に合致していたのである。

　この役員はかつて行ったアメリカ市場視察にもとづき、アメリカのオートバイ輸入市場で 10 ％を獲得することはホンダにとって実現不可能ではないと感じ、帰国後本田氏のパートナーであった藤沢氏にそれを伝えたが、藤沢氏はこの話を数量的に精査することなくアメリカ進出事業に 100 万ドルを与えると述べた。アメリカ進出は推進されることになるが、その際、大蔵省（当時）から外貨割当を獲得する問題があった。政府は外貨不足の下で外貨割当制度を実施していたのである。大蔵省はホンダのアメリカ進出事業に懐疑的であり、申請から 5 カ月後に許可がなされはしたが、認められたのはアメリカ市場で 25 万ドルを投資できることであり、そのうち現金は 11 万ドルであった。残りは部品やオートバイの在庫によらなければならなかった。

　最初の焦点はヨーロッパ製品との競争であり、本田氏は 250cc と 305cc のバイクに自信をもっていた。大型バイクの仏陀の眉のようなハンドルの形がセールス・ポイントになると感じていたのであった。アメリカ進出は、日本政府の厳しい通貨統制と友好的でない歓迎により小規模に始まった。ホンダは大規模な第二・三世代の日本人コミュニティがあり、オートバイの利用に

合った気候であり、人口が増加していたロサンゼルスを進出先として選択した。現金に縛りがあったので、かれらは月80ドルのアパートを3人で借り、そのうち2人はベッドもなく床の上で寝ていた。かれらは町の荒廃した地域に倉庫を得て、梱包されたオートバイを3台積み上げ、素手で床を掃き部品の保管場所を作り維持した。またオートバイのアメリカ市場でのシーズンが4月から8月であることを知らず、かれらが活動を始めたときは偶然にも1959年のシーズンの終わる時期であった。何とか1960年4月までに40のディーラーを得てそこに在庫をもった。それらはほとんど大型バイクであり、ほんのわずかであるが売れ始めた。

しかしアメリカでは日本よりも長距離を高速で運転するので、販売されたホンダのオートバイにはオイル漏れやクラッチの故障などが発生した。その修理のため日本へオートバイを空輸することとなり、このことにより事業に使える現金をほとんど使い果たしてしまった。日本で再設計された部品が問題を解決したが、ホンダの評判は構築する以前に崩壊しつつあった。

一方で最初の8カ月の間に考えてはいなかったことが生じた。かれらが用足しに利用していて多くの人から注目を浴びていた50ccバイクであるスーパーカブに、小売業者であるシアーズのバイヤーから声がかかったのである。かれらは50ccバイクの販売が大型オートバイ市場でのホンダのイメージを損ねることを懸念して、この仲介業者を通じて販売することを拒絶した。しかし大型バイクが故障し始めると、選択の余地はなくなり、50ccバイクの販売へ乗り出したが、驚いたことに取り扱ったのはオートバイのディーラーではなくスポーツ用品の小売業者であった。成功への道のりに乗り出したホンダであったが、日本政府の外貨制限の下で、製品を売りそこで得た現金で在庫に再投資し、利益は追加的な在庫や広告へと注ぎ込まれていた。

「ホンダの物語はアメリカのオートバイ市場を『再定義した』ことである」（p.56）。これはアメリカン・ホンダ社のマネジメント・チームによれば、後ろ向きの革新であり不本意で、明らかに1959年にいだいた戦略ではなかった。

ホンダのキャンペーンに使われ、のちに賞を受けた有名な広告スローガン

「素晴らしき人々、ホンダに乗る」は売上高に大きな貢献をしたが、これも また偶然の産物であった。このスローガンはUCLA（カリフォルニア大学ロサ ンゼルス校）の広告専攻の学生が授業で提出したアイデアであり、教員に促 されかれは広告代理店の友人に渡し、広告代理店がホンダに持ち込んだもの である。さらに当初マネジメント・チーム内ではこれ以外の案が推されてい たが、販売担当役員はこのアイデアが正しいものであると強く感じ、かれの コミットにより採用されたのである。このようなプロセスをへて、1964年 にはアメリカオートバイ市場のほぼ2台に1台がホンダ製になった。

　以上のようにBCGの「分析」ではマーケットシェアや、規模、学習、コ ストなどにかかわる一貫した戦略の存在が指摘されている一方で、Pascale の「説明」においては意識的で意図された戦略が存在せず、さまざまな誤算 や幸運な発見、組織学習などを通じた成功の物語が展開されている。

第3節　二分法にもとづく論争についての検討

1.　ホンダのアメリカ市場進出の考察に関する論争

　前節のBCGとPascaleによるホンダのアメリカ市場での成功についての 戦略の考察における相違の根底には、戦略的意思決定プロセス研究における 「合理性VSインクリメンタリズムあるいは計画VS学習」（Mintzberg［1996］、 p.92）という対立するパースペクティブに関連する議論がある。本節では、 ホンダのアメリカ市場進出およびイギリスのオートバイ産業を対象になされ た両パースペクティブ間での論争を考察する。

　Mintzberg（1991）は学習パースペクティブを支持する立場から、BCGの 報告書と比較しながらPascaleの説明について賞賛している。その見解は、 簡単にいえば、計画パースペクティブの立場の研究において示されている 「見込みのないものを初めから排除し合理的に計画を立てるという方法」に 従えば、大型バイクで進出しようとしながら試行錯誤の上で小型バイクの販 売を始め、成功への道を進んだホンダのやり方は最初から排除されていたこ

とになるというものであり、そして Pascale による説明がホンダの成功プロセスに対する明白なデータを提供しているというのである。

　これに対して Goold（1992）は、BCG の報告書が危機に瀕した産業（イギリスのオートバイ産業）によって商業的に実行できる代替案を明確にするという趣旨で委託されたものであり、そこでは、歴史的な（「この状況はどのように生じたのか？」）ものではなく、経営的な（「今何をすべきか？」）ものが要請されると反論している。さらに今何をすべきかというのは戦略経営にかかわるほとんどの経営者の関心事であり、Mintzberg らの学習パースペクティブの立場からは「何かにトライしそれが作用するか見よ、そして経験から学べ」というアドバイスしかできないと述べている。

　この見解への返答として Mintzberg（1996）は、歴史的なものではなく経営的なものを必要としているという考えは、経営的であることが歴史を無視する必要があると論ずることであり、それは明らかに問題であると批判する。さらに「ランダムな経験」をすることと、単純に市場に対して驚くチャンスおよびそれで学習するチャンスに自身をさらすこととは大きな違いがあると述べ、そして BCG の重大なミスは学習という重要な不可欠の期間を飛ばしていることであると指摘している。

2.　イギリスオートバイ産業へのアドバイスに関する論争

　これら両者の論争は、計画パースペクティブと学習パースペクティブのどちらが効果的であるかという問いに答えようとするものの一つであるととらえられるが、ホンダの戦略に関する Pascale の説明と、BCG によってイギリス政府に提出されたイギリスのオートバイ産業に対する戦略代替案において示されたホンダの戦略分析とをめぐるこの論争は、続いて、衰退しつつあったイギリスのオートバイ産業に対する経営アドバイスとしての洞察においてどちらが優れているのかということを明らかにする試論として展開されている。

　Mintzberg（1996）は、BCG の報告書が書かれた 1975 年前後のイギリス自動車産業によるアメリカへの輸出の落ち込みと、イギリスオートバイメー

カーである BSA 社の役員による 1960 年代におけるイギリスオートバイ産業で活動した経営コンサルタントに対する批判を引用しつつ、計画パースペクティブの洞察力を非難している。同時に、自身の学習パースペクティブにもとづきながら、「経験する時間もお金もない」経営者は、イギリスオートバイ産業と同じ道をたどる運命にあるとしている。

　Goold（1996）は、BCG が行ったアドバイスと Pascale および Mintzberg のパースペクティブから示唆されると思われるアドバイスを示している。BCG はこれまで入手したものよりももっと明確にイギリスオートバイ産業の窮地についての見解を提示し、コスト、規模、市場シェアに関する経済分析の力が否定しがたく、これまでの戦略は続けられないことを示した。NVT（Norton Villiers Triumph）社における閉鎖予定だったメリエン工場と会社の対立が継続する中、BCG の何らかのオプションを追求するための真剣な試みは何らなされず、結局その分析力にかかわらず、BCG の報告書は産業を救済する戦略を提出できなかったのである。学習パースペクティブにもとづき Goold が想定したアドバイスは、経験から学習し創発する何らかの成功を構築するために、何らかの新しいモデルと新しいマーケティング・アプローチを試みることである。しかしすでに崩壊の脅威にさらされ試行錯誤をする余裕のない産業において、このアプローチは不適切でありまた浅はかでさえあるアドバイスであると結論づけられている。

3. 二分法にもとづく論争についての検討

　Rumelt（1996）は、BCG の報告書と Pascale の説明に Hamel & Prahalad（1994）のコア・コンピタンスに関する研究を加え、ホンダの戦略の考察について検討している。かれによれば、Hamel & Prahalad の研究は、ホンダに関して第三のビジョンを提供しており、それは、BCG の示したマーケットシェアや、規模、学習、コストなどにかかわる一貫した戦略の存在を否定する一方で、意識的で意図された戦略がなかったと主張する Pascale の見解も否定し、代わりに、内燃エンジン、コンスタントに構築したデザインや製造などのコンピタンスや、競争業者の製品に対する革新を通じた競争などにお

いてグローバル・リーダーになるという長期ビジョンの追求としてホンダを
理解するというものである。

　Rumelt は 3 つの見方における主要な論点として「意図性」を取り上げ、
ホンダの物語の中で次々に起こった出来事は意図的であったのか、あるいは
想定していたものなのかなどについて考察を行っている。そして「出来事に
関する『戦略』の説明はいつも意図性について行われるわけではないが、時
折単純に、持続的な不均整のポジションが維持されうる作用中の諸力につい
て行われるのである」(p.109) と論じている。

　Rumelt によれば、Pascale の説明は、ホンダがスーパーカブの販売や徐々
に大型市場へと駆け上がるという戦略をもってアメリカ市場に参入したので
はないということは示しているが、その説明はホンダの参入した初期の出来
事をカバーしているにすぎず、その後意図的に、ホンダが低コスト、高品質
の地位をほとんどの製品セグメントにおいて構築したことについては示され
ていないと述べている。かれによればまた、BCG と Hamel & Prahalad の
見解もホンダを正確にはとらえておらず、ホンダの一貫した行動パターンは、
社会-政治的環境により強いられた制約や近視眼の産物なのである。つまり
ホンダの戦略はビジネス上の試行錯誤の産物にすぎず、これはどのようにグ
ローバル・リーダーに進むのかについて一貫したビジョンに従ったものでは
ないのである。このように考えると、BCG と Hamel & Prahalad のデータ
は「(前提において意図を示唆するようでありながら) 意図性を示すのに十分でな
く」、Pascale のデータは「一貫したロジックの存在を反証するのに十分で
ない」のである (p.110)。

　Mair (1999) もまた、ホンダの戦略に関する概念的な二分法にもとづきホ
ンダの戦略の考察において矛盾する立場にある諸研究の検討を行い、それら
の諸研究において「説明と一般的な戦略インプリケーションは、『ホンダの
意味』について戦略思考者が議論する際に深まってしまう傾向、つまり還元
論者の一方的理論を暗に示している」(p.25) と論じている。

　かれによれば、Goold (1996) も「新しい戦略を生み出すことよりも戦略を
試すことに価値」(p.102) をおいていると認めているように、BCG の報告書

は、「戦略形成プロセスを無視して構造的な経済要因に焦点をあてたものである」(p.36)。

　さらに Sakiya (1987) を引用し、Pascale とは異なるホンダにおける出来事に関する見解を示している。Sakiya によれば、ホンダの役員であった藤沢氏は実際には当初から、スーパーカブを重要な武器として構想しながらアメリカン・ホンダ社をアメリカ市場の開拓の基盤にしようと考えていたのである (p.123)。このことは以前のヨーロッパと日本の状況を考慮した上で意図されていたと考えられる。ホンダはアメリカ進出以前の日本で一つの市場において多くの台数の小型バイクを作ることを実践し、伝統的な流通業者を迂回する新しいタイプの流通システムを構築しており、競争業者が大型バイクに焦点を当てる一方で、使用における実用性と容易性にもとづく小型バイクという新しい市場ニッチを意図的に切り開いていたのである。「ホンダが学んだことは、アメリカが急進的な革新の戦略を必要とする全く新規な市場であるということではなく、アメリカがまもなく最初に予期していた日本のように変わりゆくということである」(Mair [1999]、p.37)。つまりアメリカでは Pascale の示唆よりも小さな革新が求められていたのである。

　Sakiya によれば、藤沢氏はアメリカ市場で試すため利用可能であったわずかな外貨を集中させることを選び、ヨーロッパやアジア市場への国際化に焦点を当てることをボトムアップで提案した現場の部下たちの意見に優先させて、この戦略を無理強いしたのであった。Pascale は「アメリカ市場へ向けた戦略を含む全社的な国際化戦略にかかわる広いコンテクストの中でホンダのアメリカ進出を位置づけることに失敗して」(Mair [1999]、p.37) おり、このコンテクストでみれば、思いがけない出来事やボトムアップの意思決定の重要性は急速に低くなるのである。

　Mair は以上のように、詳細にホンダにおける事実の把握に関する諸議論の問題点を指摘するとともに、計画型および創発型モデルの優位性にかかわる一般的な戦略インプリケーションについて検討している。

　Goold (1996) は、BCG の報告書における計画型モデルは、相対的な競争的地位を明らかにし提案された戦略が成功する可能性を判断するのに役立ち、

また新しい戦略を生み出すよりも戦略のテストに価値があり、Pascale と Mintzberg が好む創発型モデルは、学習と適応が必要であることを強調する際には役立つが、試行錯誤を除いて、可能なさまざまな戦略をどのように選択するのかということに関して示唆を与えるものではないと述べ、そして、「どんな戦略的アプローチもすべての真実とすべての答えを内包することはないようである」（p.102）として、両方のアプローチを総合することが必要であると結論づけている。

　他方で、Pascale（1996b）は、創発型モデルは偶然生じた戦略的な価値のあるものを正確に示す事後的な分析の原則から恩恵を受け、同様に計画型モデルは「実際いかに起きたのか」ということに通じる創発型モデルから恩恵を受けると述べている（p.112）。Mair によれば、Pascale は（Mintzberg も同様に）、一般的な戦略インプリケーションに関しては両パースペクティブの総合を示唆してはいるが、ホンダの考察においてはそのようにとらえておらず、自身のモデルによる考察が優位性をもつと考えているようである。Pascale らの見解には、明白に矛盾するコンセプトや実践を管理しようとする能力としての「ホンダの二分法—調整のための戦略的能力（dichotomy: reconciling strategic capability）」（Mair ［1999］、p.39）の把握を遠ざけるという問題点があるのである。また計画型モデルについて、Pascale が事後的分析においてのみ価値を見出していることおよび、（Mair が指摘しているように［p.38］）Mintzberg がこのモデルを従属的なサポートという役割に押しとどめていることは問題であるといわざるをえない。

　Mair（1998）によれば、「ホンダの二分法—調整のための戦略的能力」とは、二分法にもとづく二者択一（たとえば、「品質かコストか」や、「計画型か学習型か」など）を克服する能力である。詳細な戦略計画の策定と実施とは当然、環境変化からの学習によってのみ微調整されていくというような長期プロセスであるという前提を修正することで、学習し適合すると同時に、正確で詳細な計画された戦略を実行するということを見出すことができる。すなわち「戦略プロセスは一連の急速な策定–実行の躍動である」（Mair ［1998］、p.910）ととらえられるのである。

またMintzbergらが計画型モデルの役割について、創発型モデルをサポートする役割、つまり創発された戦略をプログラミングする役割へと位置づけている点については、以下のような視点から修正できる。Pascaleの指摘では、大型バイクでのアメリカ市場進出を図ろうとしたが、試行錯誤のうちにまた偶然に、小型バイクの拡大が進展し、それが戦略として創発してきたというものであるが、Sakiyaにおいて述べられていたように、当時の経営陣がアメリカ市場進出時にすでに小型バイクを進出の武器と考えていたことを鑑みれば、いずれかのクラスのバイク市場で成功を目指すという計画された戦略としてのいくつかの選択肢が創発型アプローチによって、当初から重視していた選択肢に狭められたのである。

小　　括

　本章では、計画型モデルと創発型モデルにかかわる戦略的意思決定プロセス研究における二分法にもとづく議論を概観し、それらのモデルの有効性に関するホンダのアメリカオートバイ市場への進出を分析・説明した諸研究について考察し、それらのモデルの統合の可能性を検討した。Pascaleのホンダに関する説明が当初の経営陣の意図を捨象している点、Mintzbergが計画型モデルの役割を創発された戦略のプログラミング化へ限定している点を批判的にとらえ、2つのモデルの統合において、戦略思考者の能力および2つのモデルを調整する戦略的能力を検討することが重要であると結論づける。

　次章ではさらに、この二分法にもとづき、理論研究において展開されたMintzbergとAnsoffの間でなされた論争について具体的に考察する。

注1　Lindblom（1959）の研究は、行政機関の政策決定にかかわるものであるが、そこで述べられている「muddling（どうにか切り抜ける）」という漸進主義的見解は、Mintzberg, *et al.*（1998）により、戦略形成に関するラーニング・スクールの先駆けであると位置づけられている。また前章で検討したMintzberg（1973）の適応モードに関する見解やFredrickson（1983）による戦略的意思決定プロセスの分類は、Lindblomの見解から影響を受けている。同じくQuinn

（1978）の見解はまた、Lindblom の漸進主義的見解をふまえつつ、漸進的な意思決定プロセスの進展に「論理性」をもたせようとするものである。

このように位置づけられている Lindblom（1959）の行政機関の政策決定過程に関する二分法にもとづく整理は以下のようになる。

かれは、多くの文献が示す合理的なアプローチの特徴をもつ「合理的で包括的：本流（rational-comprehensive：root）プロセス」と、組織において実際に行われているアプローチから導き出した「連続した限定的比較：支流（successive limited comparison：branch）プロセス」を明らかにし、前者の限界と後者の有効性について論じている。

まず「合理的で包括的：本流」には以下のような特徴がある。

①代替政策に関する経験的分析とは識別される価値や目的、およびそのような分析の先行条件の明確化、②政策策定はそれゆえ手段-目的分析を通じてアプローチされる（まず目的が設定され、つぎにそれを達成するための手段が求められるということ）、③「よい政策」のテストは要求された目的に対して最も適切な手段であることが示されることである、④分析は包括的である（あらゆる関連要素が考慮されているということ）、⑤理論がしばしば重宝される、などである。

つぎに、「連続した限定的比較：支流」には以下のような特徴がある。

①価値にもとづく目的の選択と必要とされる行動の経験的分析は他方と識別されず、密接に絡み合っている、②手段と目的は分離されないので、手段-目的分析はしばしば不適切で限定的である、③「良い政策」のテストは典型的には、多様な分析者が政策に直接的に合意を見出すことである、④分析は徹底的に限定されている（つまり重要な起こりうる結果が無視されている、重要な代替的潜在政策が無視されている、重要な影響をもたらす価値が無視されている）、⑤連続した比較が理論への信頼を大いに弱めまた排除する、などである。

Lindblom（1959）は、前者が示す政策選択の手法は、実践上、ほとんど活用されておらず、複雑な問題に関してはまったく役に立たないことを指摘しているのである。

注2　Burgelman（1983）は、互いに相反する性質をもつ計画型モデルと創発型モデルが企業内において併存しうるプロセスであるととらえているが、この点に関して、主要なイノベーション研究において、Christensen & Raynor（2003）や Govindarajan & Trimble（2005）らは、企業内で相反するプロセスを併存させるためのマネジメントについてより詳細に論じている。

第 3 章

戦略的意思決定プロセスの理論研究における二分法の考察

は じ め に

　公式的戦略計画システムは、アメリカにおいて、1960年代に経営学の領域で登場し、1970年代初期に多くの実践で活用されたが、それは「ローラーコースターの上にいるようで」(Wilson [1994])、1970年代のオイルショック、為替の変動相場制、高いインフレーションなどの経済の混乱の中、「企業のイノベーション、変化への適応、存続において失敗をもたらし」(Rumelt, *et al.* [1994])、1980年代以降、「アメリカ企業の競争力衰退の原因として」(Gray [1986])、「猛烈な批判にさらされてきた」(Grant [2003])。とくに、戦略的意思決定研究において、公式的戦略計画システムは、公式 VS. 非公式、デザイン VS. プロセス、計画 VS. 学習など二項対立的な議論の中で批判されており、とりわけ、Mintzberg (1990, 1994) により、理論・実践両面から非常に痛烈な批判を受けた。

　本章では、戦略的意思決定プロセスの理論研究において、計画型モデルと創発型モデルとに二分して展開された諸議論について考察し、そこで計画型モデル批判がいかに展開されたのかについてと、そのような批判にさらされてきた計画型モデル研究がいかに変貌を遂げてきたのかについて明らかにする。

　第1節では、戦略的意思決定プロセス研究における計画型モデル批判として、計画の活用における問題点 (Steiner)、計画を立てる手法の問題 (Gray)、戦略を計画すること自体の問題 (Mintzberg) などについて考察をする。Mintzberg はとくに計画型モデルを含む規範学派に対して多様な批判を行っているが、たとえば、事前決定の誤り、分離の誤り、公式化の誤りなどを計

画型モデルの落とし穴として提示している。第2節では、Mintzberg の批判に対する計画型モデルの中心の一人である Ansoff による反論により端を発した両者間の論争について検討する。また第3節では、計画型モデルが創発的要素や分権化などの活用により進化してきたことを論じた Gray、Wilson、Grant などの研究について考察する。

第1節　戦略的意思決定プロセス研究における計画型モデル批判

計画型モデル批判として、大きくは3つの見解がある。第一に、計画型モデルをうまく活用できていないこと（活用の問題点）、第二に、計画型モデルが誤ったモデルになってしまったこと（手法の問題点）、第三に、戦略を計画により策定すること自体が問題であること（計画すること自体の問題点）である。本節ではそれぞれの見解を概観する。

計画型モデルの提唱者の一人である Steiner（1979）は、戦略計画の活用面での問題点を指摘している。

Steiner（1979）は、計画の落とし穴に関する質問票による調査（600 社に送付、215 社から返答）にもとづき、戦略計画が回避すべき 50 の主要な落とし穴（以下そのうち重要な 10 の落とし穴を抜粋）を指摘している（pp.287-298）。

①計画機能を計画担当者に委譲できるとするトップ・マネジメントの前提、②トップ・マネジメントが現在の問題に没頭し長期計画に十分な時間を費やさないこと、およびプロセスが他のマネジャーやスタッフの間で不評なこと、③長期計画策定の基礎として適した会社目標を開発することに失敗、④主要なラインの人員の計画プロセスへの必要な関与に失敗、⑤マネジャーのパフォーマンスの測定の基準として計画を活用することに失敗、⑥計画に抵抗しない適した企業風土を創造するのに失敗、⑦全社的な包括計画は全体の管理プロセスとはいくぶん分離しているという前提、⑧柔軟性、ゆるやかさ、簡潔性が欠落し、創造性を制約するシステムへ厳密な形式を取り入れること、⑨部門や事業部の責任者が開発した長期計画を彼らと一緒に吟味することにトップ・マネジメントが失敗、⑩公式計画と矛盾する直観的意思決定によっ

て公式計画のメカニズムをトップ・マネジメントが頑なに拒絶すること、などである。

　戦略計画が回避すべきこれらの主要な落とし穴は、計画自体に問題があるのではなく、計画システムを開始する際、計画の本質を理解する際、計画を行う際、準備された計画を活用する際、などに陥る誤りを指摘しており、計画型モデルを採用する際の注意すべき点として問題を位置づけている。

　Wilson（1994）は戦略計画を立てる際の手法における、「戦略計画の7つの大罪（the seven deadly sins of strategic planning）」（p.13）を指摘している。

　①　スタッフがプロセスを乗っ取った（takeover）。

　これは、CEOたちが新しいスタッフ機構を新しい機能を処理するために作ったこと、ミドル・マネジメントの新しい責任への無関心が生んだ空白を埋めるためにスタッフが入り込んだこと、傲慢や帝国構築が生じたことなどにより、このような状況が発生した。結果として、計画スタッフは、非常に頻繁に経営陣（executives）の関与を戦略開発プロセスから減らし、単にゴムスタンプを押す存在にし、戦略計画はスタッフではなく経営陣の一人が責任を負っているものであり、また常に負うべきものであるという事実を無視した。

　②　プロセスがスタッフを支配した。

　プロセスの方法論がますます手の込んだものになった。スタッフ分析により重きをおき、真の戦略的洞察を軽視した。分析は、意思決定を侵食し「分析麻痺症候群」を生み出しながら増殖した。戦略思考は戦略計画に等しいものとなり、他方で書類はよりいっそう手の込んだものになった。

　形式による実質上の支配は、企業官僚主義の観測者に十分に知られている。しかしながら、逆説的に、計画プロセスは明らかに精巧に官僚主義的になったが、多くの場合、単一の技術や方法論—たとえば、経験曲線あるいは成長／シェア・マトリックスなど—に過度に依拠するようになった。戦略計画が処理しなければならない問題や要因の範囲を所与のものとすれば、このような依拠は明らかに見当違いである。あらゆるニーズを満たす単一の方法論はありえないし、このアプローチは失敗することが運命づけられている。

③　計画システムは実質的に何の結果も生まないようデザインされた。

この考えは偏っているようにみえるが、多くの企業システムにおいて真実である。主要なデザインの失敗は、権限をもつ多くの経営陣の戦略を指揮するという計画における役割は否定または縮小されていることである。ある批判が指摘されたように、多くの人々の態度は、ある経営陣の怒りの反駁に象徴されている。「マトリックスが戦略を選んだ——マトリックスに戦略を実行させろ！」。他のデザイン上の欠陥は戦略計画とオペレーション・システムを統合することに失敗したことであり、結果的に行動を駆り立てない戦略になるのである。

④　計画は中核事業を犠牲に合併、買収、撤退などのより刺激的なゲームに焦点を合わせた。

これは部分的には当時の時流である。しかしまた、成長／シェア・マトリックスのような計画ツールの不適切な活用の結果でもあった。何よりもそれは「金のなる木（cash cow）」についての根本的な認識の誤りから生じた。ポートフォリオ・マネジメントの最大の問題点はこれら成熟事業の取り扱いを含む。マトリックスは「収穫」戦略を勧告するが企業は利益目標を高め、投資を縮小し、コントロールを強めた。当然の行く先として、モラールは低下し、行動計画は弱化し、そして企業は要請されたキャッシュフローの移転に失敗した。

⑤　計画プロセスは、真の戦略選択肢を開発するのに失敗した。

行動志向であることを証明することを熱望し、非常に多くの会社が「準備、発射、照準」というトラップに陥る計画システムを考案した。計画者と経営陣は「満足させられる」最初の戦略を急いで採用した（たとえば、受け入れ可能な手法を用いて確実な基本的条件に合致するような）。かれらは、意思決定の前に、一連の戦略代替案を探索し分析するために真の努力をしなかった。結果として、すべての企業はあまりに頻繁に、選択よりはむしろ怠慢によって戦略を採用したのである。

⑥　計画は、戦略の組織的文化的要件を無視した。

SBU（Strategic Business Unit：戦略事業単位）のコンセプトよりもこのことの

実体のよい例はない。このコンセプトは、明確な一連の競争業者に対抗する限定された市場セグメントにおいて事業を営むのに適切な企業の実体を識別し組織化するのに非常によい。しかしながら、このような焦点は、SBU間の内部的な相違を見過ごし見誤らせる。したがって、プロセスは外部環境には正しく注目しているが、しかしそれは実行段階において重要な内部環境の犠牲においてである。

⑦　一点予測（single-point forecasting）は、リストラクチャリングや不確実性の時代において、計画にとって適切な基盤ではなかった。

企業の重大な外部への強調にもかかわらず、また何らかの洗練された企業の環境分析システムの設置にもかかわらず、企業は依然として一点予測に依拠する傾向にある。シナリオベースのプランニングは通例というよりは例外である。不幸にも、不確実性の時代において、一点予測は本質的に不正確であった。それに依拠する計画は、1970年代と1980年代初期にたくさんあったように意外性に対する弱さを増大させる。事実、戦略計画に最後の一撃を加えた1982年の不景気を予知し計画を立てるということに計画が失敗したことは認識されている。一点予測にはさらなる問題がある。計画の前提は一点の将来を詳細に説明するために、ほとんどいつも過去のトレンドからの推測によりわずかばかりの変動があり、過去にそうであったものが仮定的な将来にもおそらくそうであろうという理論の上で、「惰性的戦略」の継続を支持する固有のバイアスがある。

以上のようにWilsonは、戦略計画の手法が誤っているモデルを構築した問題点を指摘し、後述するようにそれらを改善したモデルを提示している。

Mintzbergは、多くの論文や書物において、計画型モデルの問題点としてその活用や手法に問題があるよりも計画自体に問題があるととらえ、その落とし穴および前提について批判を展開している。

Mintzberg（1994）によれば、計画作成の落とし穴の第一は、客観的分離を前提としており、それが社員の全力投球をしばしば浸食し、政治力学を呼び起こす原因となることである。他人が作成した計画書による仕事は生産性および満足度を低下させるし、それを調整しようとすれば何らかの強制が生

じ、そのことがさらに全力投球を浸食するのである（pp.160-172、訳 144-165 ページ）。

　第二には、計画をいったん提示すると、経営幹部には安堵感を与え、従業員に対しては計画書通りに行動しようという考えをもたらし、計画書の変更に対して心理的抵抗をもたらすことである。計画書の調整が厳密であるほど柔軟性が低下し、一部の変更によって全体の統合性が崩壊する。つまり計画は、①組織に硬直性をもたらし、②重大な革新に対する抵抗を生み出すものであり、組織風土を「硬直化・保守化」へと導く。公式な計画作成は、通常「量子力学的な革新でなく現在延長型の部分改良」にとどまる。すでに設定されている組織機構を通じて、現在使用されているカテゴリーを対象に、旧来のスケジュールにもとづいて行われているためである。また公式的な計画作成は、「創造的な革新でなく一般的な部分改良」にとどまる。計画が作成されると、多くの構成員には自由裁量に限界が生じ、創造性よりも整合性が求められるようになるためである。公式的な計画が作成されるとまた「長期志向的な革新でなく短期志向的な部分改良」になる。計画作成は、将来を予測することが本来の目的であるが、公式の予測技法に依存するため環境の非連続的な変化を予測などできない（pp.172-188、訳 165-191 ページ）。

　第三に、計画作成は客観性を追求したものとされているが、それは作成者の主観をともなったものであり、組織内の政治力学行動によって妨害されたり、ときには計画作成それ自体がある種の政治力学的行動を醸成するものである。また作成された計画よりも政治力学的行動の方が目的遂行に適していることすらある。計画作成における客観性は検証できる変数だけを扱っているにすぎないし、それは直観を非合理的と決めつける。また計画作成には作成者の選好や権力構造が入り込み、また選好される目標は時間とともに変動しうるのである。また計画作成によって、明示的でなかった組織内の政治的葛藤を増幅させる場合もある（pp.188-201、訳 191-214 ページ）。

　最後に、計画担当者はコントロールへの妄想をもつ。それはリスクへの嫌悪、自発性の価値への不理解が理由である。しかし計画作成はその作成に厖大なエネルギーを注ぎ込む一方で、その正確さには疑問があり、また本来行

動をとるべきマネジャーの全力投球を妨げることにもなる。計画作成は、社
外の利害関係者を納得させるために装飾的に利用されると同時に、社内の構
成員に対し上級マネジャーによって政治的に利用される。結局、計画作成は
社外に無益な公表を行い、また社内の構成員に対して規定の書面を埋め込む
ことに時間を浪費させることになり、社内外の関係者のコントロールに役立
たないのである（pp.201-219、訳214-242ページ）。

　つぎにMintzbergは、戦略計画作成の前提について以下のような誤りを
指摘している。

　事前決定の誤りについて（pp.227-254、訳254-275ページ）。計画作成の多くの
文献は、正確な予測の重要性を強調する。人間は規則性をもつ事象について
は将来を予測できるが、しかし技術革新、物価上昇、消費者の態度の変化、
政府の立法などの一度限りの事象に対する予測は、事実上不可能である。に
もかかわらず戦略計画作成において事前決定が重視される。この事前決定は、
世界は安定し予測通りに展開するので計画はうまく実行できるという静態性
に対する信念にもとづく。戦略それ自体は安定性を意味するが、戦略の革新
は環境における非連続的な一回限りの変化の中で発生するダイナミックなプ
ロセスである。実際のマネジャーは計画やスケジュールに従って戦略を作成
しているというよりも「計画されたカオス」的仕事をし、予測不能な周囲の
状況に敏感で、また常に進行する革新に継続的に対応している。

　分離の誤りについて（pp.254-294、訳275-312ページ）。戦略と日常業務の分離
は計画策定の重要な前提である。戦略形成は上級マネジャーおよび計画作成
担当者の任務であり、その実行がそれ以外の従業員の任務である。これで問
題は解決しない。真の問題は戦略の「計画作成」の欠如でもなく、おそらく
戦略「思考」自体の欠如でさえもない。問題は戦略「行動」の欠如にある。
効果的な戦略家とは、一方で日常業務に「没頭」して、他方ではそこから
「戦略的メッセージ」を読み取ることが可能な人物である。最初から戦術的
なものと戦略的なものとが区別されているわけではないし、時間とともに互
いに変化するかもしれない。分離の前提はハード・データの存在である。日
常業務はデータに集約され、日常業務から分離した戦略担当者がそのデータ

にもとづいて戦略を練るのである。しかしハード・データは全力投球を妨げ、定量化への偏向をもつ。口頭で伝達される情報の重要性を見落としている。このような情報に通じるということは顧客、工場、部下などの情報源に直接口頭でアクセス可能であるということである。このような権限をもつのはラインマネジャーである。このようなラインマネジャーのもつソフト・データこそが戦略作成にとって重要なのである。また自社の強み・弱みは具体的な状況から分離して定義してみても意味がない。それは実証的な評価になるべきであり、具体的な状況に照らして学習されるのである。思考は行動に照らして開始する必要がある。戦略を実行と作成に二分するのではなく、一つの学習プロセスとして特徴づける方が適切である。人間は思考するために行動し、行動するために思考する。この二分法は集中化あるいは分散化のいずれかによって消滅させることができる。

　公式化の誤りについて（pp.294-321、訳312-338ページ）。ここでいう公式化とは、戦略作成プロセスの公式化のことであり、いいかえれば革新を制度化することである。具体的にいうと非連続性の発見、ステークホルダーの理解、創造性の提供、本能のプログラム化などをシステムによって代替する試みである。公式化の論者たちの誤りは、企業の革新能力はその計画作成システムに帰属すると誤解したことである。ではなぜ戦略作成と公式化はなじまないのであろうか。その一つの理由は公式化の分析的な性質にある。公式的なシステムは、より多くの情報、とくにハード・データを処理できるようになり、それらの情報は結合・集計・移動できるようになったが、決してそれらの情報は内面化・包括化・総合化されたわけではない。公式化されたシステムは、学習することはないのである。また公式化は創造性を促進するどころか阻害する。計画作成は、その本質からしてカテゴリーを定義し維持するものであるが、創造性は、カテゴリーを構築して既存のカテゴリーを再構築するものである。分析家は、代替案を評価するための構造的なステップを踏みたがる傾向にあるが、しかし構造的でないものこそが、課題を診断したり最初に代替案を創造するのである。このような非構造的ステップにほとんど注意を向けない公式的なシステムは、結果として保守的で現状に偏ったものになるの

である。結局、戦略思考プロセスを公式化することはいかにシステムを精緻化しようとも不可能であるため、公式的なシステムから戦略が形成されることはない。公式的な計画作成システムは、戦略形成ではなく、すでに構築された戦略を操作する場合にのみ活用されるなら問題点は解消される。

　Mintzbergはこのように、戦略を計画すること自体が問題であると批判する一方で、戦略を創発させることの重要性について論じている。

　以上、戦略計画の問題点および批判について示したが、以降において、これらの批判に対する反論と、これらの問題点を克服すべく戦略計画がいかに進化してきたかについて概観する。

第2節　計画型モデル研究からの反論

　Mintzbergは、すでに述べたように計画型モデルを含む規範学派に対して多様な批判を行っているが、その内容は以下のように要約できる（Mintzberg [1990]）。このモデルは「もっとも一般的な意味で、適応への機会を自ら否定しているということである」（p.180）。さらに詳細には、「強みと弱みの評価」において行為と関係なく思考を促進すること、つまり学習のプロセスというよりも概念のプロセスとして戦略形成をとらえていること（pp.182-183）、左足が右足に従うように「組織構造は戦略に従う」としていること（p.183）、「戦略の明示化」を行い硬直性を促進すること（pp.183-184）、「策定と実行の分離」つまり行動と思考を分離すること（pp.184-187）、などである。

　これに対していわゆる規範学派に属するとされているAnsoff（1991）の反論がある。

　Mintzbergによる批判に対する反論として第一に、Ansoffは、規範学派の一つである自身の研究をホーリスティック（holistic）戦略経営とよび、1965年から1990年までのその進展について述べ、Mintzbergが規範学派とよぶ諸研究の進展について考察をしていないと論じている。その中では、戦略策定の問題は多様な環境下における組織の適応の全体プロセスへと拡張され、組織が成功するための戦略と組織能力の変化を決定するための実践上の戦略

的診断手順が明らかにされるなどの進展がみられることが明らかにされている。

　Ansoff の第二の反論は、Mintzberg の戦略形成論自体を批判する形で論じられている。まずは、Mintzberg の戦略論は「ビジネス環境を研究するチャンスを自制」(p.455) しているという問題点がある。また Mintzberg の環境に関する議論において、どの企業にとっての環境か、どんな影響が組織にあるのか、組織行動にどんな圧力を加えるのか、または加速している環境変化のスピード、などについて論じられていない。さらに「変化が加速している現在のような状況では、先見性のある競争相手が前もって戦略的な変動を起こすとき、Mintzberg によって提唱されている『創発された戦略』では企業の生存を危うくする」(p.455)。

　つぎに、「規範的観測と記述的観測に対する妥当性のテストに失敗」(pp.455-456) している点がある。Ansoff によれば、Mintzberg は何ら証拠を提供せずに記述を規範へと転換させているのである。たとえば、Mintzberg (1990) は、「大衆紙と公表された調査で報じられた膨大な多数の経験が、とりわけ関連多角化は、買収する企業は何が機能するかを徐々に学習するまで多くの失敗をしなければならない学習プロセスであると主張」(p.183) し、このことにより経験による学習の妥当性について規範論的に述べている。しかしながら Ansoff (1991) によれば (p.456)、このことは「記述された連続的な失敗のパターンが自動的に成功の規範へと変えられている」のである。つまり学習アプローチによる成功パターンを示すことなく失敗した多角化戦略の事例をもって学習アプローチによる多角化戦略の作成の妥当性を指摘していると Ansoff は批判しているのである。さらに「…試行錯誤による多角化は費用と時間を膨大に浪費するという事実を証明することができる」(p.456) として学習アプローチによる多角化戦略の作成を批判している。

　つぎに、「戦略の記述的定義」(pp.456-457) の問題点である。Mintzberg によれば、経営者は将来について確信しているか、確信がまったくないかのどちらかであり、確信していない場合は戦略を定義できない。しかし実際には、部分的に確信がないのであり、「『確信できないでいること』が企業の将来は

過去の延長線上（extrapolation）にあると仮定する危険をもたらすために、経営者は正確に戦略を策定するのである」（p.457）と Ansoff は指摘している。また Mintzberg は、戦略を明確化するためには一連の戦略的な動向が完了するまで待つ必要があるので記述的に定義するとしているが、Ansoff によれば「実際に用いられるコンセプトは、規範的に活用されており、このコンセプトが戦略は必要となる出来事に先立って策定されるべきであるということを規定している」（p.457）のである。

　つぎに、「実存主義的学習モデル（existential model of learning）の活用」という問題である。Mintzberg の試行錯誤による意思決定は、啓蒙の時代以前の実存主義的モデルであり、Ansoff の研究における人間の認知の重要性を認識した合理的学習モデルには、以下のような優位点がある。「1. …合理的学習モデルは、もっとも成功を生み出すような行為の代替案を選択することによって時間を節約する。この時間の節約は急速に変化する環境下にある組織に対して多大な重要をもつ。2. 合理的学習モデルは、行為する必要性に先立って戦略的対応—戦略的計画というプロセス—を開始することを通じて追加的な時間の節約を可能にする。3. 合理的学習モデルは、ありえる戦略的動向のリストから見込みがないと思われるものを取り除くことによって、戦略的失敗やコストを削減する」（p.457）。Ansoff によれば、Mintzberg の学習モデルはさらに、「…経営者に戦略思考者という役割を放棄させ、その役割を組織の業務的行動の最適化をはかることに制限する」（p.458）ことになる。

　つぎに、「戦略を明示することによって、戦略行動が硬直化し戦略によって予期されない機会を喪失することにつながる」という Mintzberg の批判に対する反論である。Ansoff は、「実際に用いられている戦略コンセプトは代替案を特定化しない。逆に合理的モデルの戦略コンセプトは、戦略代替案を明確化するのではなく、企業が探索と創造性を展開することを望む機会のためのガイドラインとなるのであ」（p.457）り、さらに「戦略の実践者たちは定期的に再考し、必要ならば経験にもとづき戦略を修正する戦略コントロールのメカニズムを用いている」（p.457）と反論している。このメカニズムを用いることはさらに合理的モデルを洗練した認知-試行-認知-試行……

のチェーンを活用する「戦略的学習モデル」（p.458）となるのである。

　Ansoff による Mintzberg 批判の最後は、そのモデルが妥当であるようなコンテクストを提示していないという点である。Ansoff は代わりに、「Mintzberg の規範的モデルは、戦略変化がインクリメンタルで組織の対応スピードより変化のスピードが遅い環境において、パフォーマンスを最適化することも求める組織にとっては妥当な規範となる」（p.459）という点を指摘している。

第3節　計画型モデルの進化

　Gray（1986）は、アメリカ系多国籍企業の事業単位の責任者および本社企画担当幹部、戦略計画担当最高責任者などに対するアンケート調査（300 人の回答）と 14 回のセミナー（1 日半に 216 人の参加）を通じて書かれた「戦略計画の活用と誤用（Uses and Misuses of Strategic Planning）」という論文において、戦略計画が抱える諸問題とその解決策（いくつかの原則）について明らかにした。

　戦略計画が抱える問題は、ラインマネジャーの準備不足、事業単位の誤った定義、あいまいに設定された目標、行動計画のための不適切な情報基盤、事業単位の計画に対する誤った検討、戦略計画と他のコントロール・システムとの不適切な連結、等々である（p.91）。これらの問題点を回避するために以下のような戦略計画の原則が明らかにされている（p.92）。

・戦略計画は、通常、戦略分析と参加スキルの訓練を必要とするラインマネジメント機能の一つである。
・戦略的事業単位は、一人の執行責任者が自身の戦略事業計画の実施に不可欠な主要変数をコントロールできるよう定義される必要がある。
・事業単位のコンセプトはとりわけ、戦略的環境のダイナミクスに最も効果的に取り組むことができるように、外部から策定されなければならない。
・事業目標を達成するための行動計画は、戦略の実行とモニタリングの鍵となる。それらは、広範囲にわたるロワーレベルの参加と特定のリーダー

シップスキルを必要とする。基本前提や責任の配分、時間と資源の要件、リスク、起きうる反応などが明示されたとき、行動計画は完成する。

・戦略実施の成功のための必要条件である参加型の戦略開発は、しばしば企業の上位レベルと事業単位での企業文化の変化を必要とする。

・管理上組織上の行動をガイドするようにデザインされた戦略計画システムおよび他のコントロール・システムは、事業戦略をうまく実施しようとするなら、全体として一貫性をもって統合されなければならない。

・生産性はマーケティングのシフトと製造のシフト間の戦略的バランスとして重要な異なる意味をもつので、生産性改善プログラムは、戦略的事業計画の諸局面として最善に扱われなければならない。

・うまく管理される組織では、集権化と分権化の両方が行われなければならない——戦略とコントロール・システムが統合されるように集権化し、それぞれの戦略的環境において諸単位が適切な相異をもって行動し取り扱われるように分権化する。

・良い戦略計画は、かつては一つの独自の活動であると考えられていたが、ときとともに、事業運営のための一つの考え方、一つのスタイル、一連のテクニックとなった——さらに何か行うのではなく通常なされるべきであったことをよりよい方法で行うということ。

　Wilson（1994）は、上述したように戦略計画の「7つの大罪」を示したが、「戦略計画は死んだのではない、それは変わった」として、その変貌について、多様な地域および産業における 47 の企業の調査研究により明らかにしている。

　「1980 年代を通じた戦略計画の重要なシフトは、事業環境の重要視と、企業内の計画に対する責任の所在の変化であった」（p.14）。このことは、「内部における財務データ処理への過度のかかわりと拡大したスタッフ主導の行使」（p.15）という批判への対応である。急激に変化する外部環境に対応するために、詳細な分析やモニタリングだけではなく、企業文化の変化ないしは思考や行動の変化がさらに重要視されるようになった。

また 1970 年代初期から計画スタッフ部門が設置されたが、それは官僚主義的装いをまとうようになった。それは「スタッフの増大、手続きの標準化、方法論の急増、文書による完結」（p.16）などであり、そこではまた「戦略思考は避けられ、ラインマネジャーはプロセスからよりいっそう排除され、結果からそしてその執行から分離された」（p.16）。このことから生じる戦略実行の欠如に対応するため、戦略計画の責任は、スタッフからラインマネジャーへ、全社レベルから事業単位レベルへシフトした。現在の企業実践は、戦略経営という言葉によってより正確に示されることになった。言葉の背後の思考や重要な問題に経営陣の会話は向けられるようになった。

　また企業は、政治、経済、技術、企業間競争、環境、等々において急激な外部環境変化という挑戦にさらされている。このような変化とも関連しているのが企業文化を中心とする企業内部からの挑戦である。リスク嫌悪や社内政治にみられるような組織慣性を打破するには、変化を心地よく思い、迅速に柔軟に効果的に対応する企業文化が求められる。これに関連して、計画によりいっそう、コントロールよりも継続的な組織学習の問題となり、そして権限委譲によって迅速で柔軟な変化への対応が可能となる。「企業文化の変質自体が戦略経営の主要な目標になる」（p.19）。

　また戦略計画プロセスに求められるのは、「計画スタッフの信頼性の維持、質的職務にもとめられる管理者のコミットメントの時間枠の維持、全社戦略と事業単位の戦略の各役割の明確化、スキャニングおよびモニタリング・システムの改善（とくに競争的な知力のドメインにおいて）、戦略計画とオペレーション計画間の連結強化」（p.20）などである。さらに戦略経営において、究極の有効性は利害関係者の満足、企業の存続、利益性および競争上のポジショニングであり、それらを達成するためには、戦略ビジョンの明確化、計画および実行上の戦略的に重要な事柄への注目、事業環境変化に関する理解の改善、戦略とオペレーションの統合の改善などが必要である。

　このように戦略計画が進展する中、全社的な計画スタッフの役割も以下のように変化した。それは、「企業全体にかかわる戦略問題の識別と分析およびそれへの全社的な対応の開発、ポートフォリオによる投資優先事項のよう

な全社的戦略の開発、事業戦略の開発において戦略的事業単位を支援するための承認のガイドラインの立案」(p.22) である。

戦略計画の進展においては最後に、「コア・コンピタンス分析、シナリオ・プランニング、ベンチ・マーキング」(p.22) をはじめとする多様な計画テクニックの開発および活用がある。

Grant (2003) は、巨大企業であり、並外れた複雑さをもち、伝統的に最先端の戦略計画を実践してきている一方で、安定的で持続的な環境から不確実で乱気流の環境に急速にさらされてきた石油産業に属する企業について深く研究し、「要求されているパフォーマンスの目標と明確な全社的なガイドラインの構造の範囲内で分権化された戦略策定の調整のためのメカニズムを戦略計画システムが提供する『計画された創発のプロセス (a process of planned emergence)』」(p.491) を明示し、「1970 年代の終わり以降の戦略計画システムの本質と役割の基本的変化」(p.491) を明らかにしている。

1960 年代の間にほとんどの企業（以下企業といった場合 Grant の調査企業のことを指す）は、垂直的・地理的・製品範囲の拡大にともなう調整とコントロールの困難さの増大に対応して、全社計画 (corporate planning) を採用していた。戦略計画は供給部門で始まり価格と市場動向の予測を行った。1960 年代末までに構築された全社計画部門では、エネルギー市場の動向と一般経済の予測が主要な任務であり、専門のエコノミストを長とする単位が含まれた。

1970 年代にはこの部門の役割は多角化へと拡大され、1980 年までに、需要と供給、価格、利益マージンなどの予測、シナリオの構築、カントリーリスク分析の請負、経済および市場の予測と企業の財務パフォーマンスを関連づける全社的な財務モデルの構築、年次戦略計画サイクルの運営、計画の方法論とテクニックの開発、戦略問題についての全社マネジメントおよび事業部門マネジメントへのアドバイス、主要な資本投資プロジェクトに関する戦略分析の提供を行った。戦略計画プロセスを運営するに当たり、この全社計画部門は、全社マネジメントと事業部門マネジメントとの間の重要な媒介機関になった。そこでの媒介の内容は、全社的な目標と優先事項についての事業部門との情報交換 (communicating)、トップ・マネジメントに提示された

事業部門レベルの計画の評価（assessing）、事業部門レベル計画の全社計画への集約（aggregating）などである。この役割により、この部門が戦略策定のプロセスのみならず内容に重要な影響を行使する結果となった（pp.502-506）。

エネルギー市場における環境の急激な変化、とくに1986年の悲劇的な石油価格の下落は、企業のバリューチェーンのあらゆる領域に圧力をもたらした。また買収とレバレッジド・バイアウト（leveraged buyout：買収先企業の資産などを担保に資金調達をして行う企業買収）の盛り上がりは、リターン拡大の圧力をトップ・マネジメントにかける活発な経営権市場（market for corporate control）を創造した。このような変容は戦略計画システムを含む戦略、構造、マネジメントプロセスに大きな意味をもった（p.506）。

予測の困難さにより、1980年代と1990年代の間にすべての企業は、予測のための努力を減らし、エコノミストスタッフを縮小あるいは廃止した。企業の外部分析には、予測の代わりに、まずシナリオ・プランニングと、主要な変数の予測をそれら変数に関する仮説への置き換えとにより対応した。競争的ポジショニングと資源開発に対するシングル・ベースなものに代わって、シナリオ分析は、市場環境の変化に対する意思決定者の機動力と対応力を促進するコンティンジェンシー・プランニングの手段であった。またすべての企業は、原油や天然ガス、精製品などの価格および為替レートに関連して、財務計画やパフォーマンス目標に基盤を提供する「指標価格（reference prices）」を導入した。指標価格やその他の確固たる仮説の目的は、戦略的意思決定のための基盤を提供することではなく、財務パフォーマンスの目標が定められモニタリングされる首尾一貫した基礎を提供することであった。これらは、「資源展開としての戦略」から「熱望およびパフォーマンス目標としての戦略」への計画の転換であった（p.506）。

1970年代と1980年代における計画システムは、文書化、公式のプレゼンテーション、テクニックと定量分析の強調、スペシャリストである計画者の中心的役割などに関して高度に公式化されたが、1996-1997年までに、文書の重要性は減り、戦略計画はより短くなり、型通りのプレゼンテーションは少なくなり、開かれた議論がより強化された。多くの企業は、議論やアイデ

アの交換を促進するために新しい活動のルールを採用したのである。このような計画プロセスの非公式化は、定期的で標準化された計画サイクルからより柔軟でアドホック（一時的）なプロセスへの動きにおいて明らかであった(p.507)。

　戦略計画プロセスにおける責任の移転は、一つは意思決定責任の全社マネジメントから事業マネジメントへの移転、もう一つは計画責任の計画スタッフからラインマネジャーへの移転であった。1990年代後期までの戦略計画は、主としてボトムアップ・プロセスであり、戦略計画の内容は、事業戦略を含む事業に関する責任を事業部レベルの執行責任者が負うという原則の下、主に事業単位および部門の各レベルで決定された。全社的な影響力は主に、事業戦略策定に対するコンテクストの構築と、事業マネジャーに疑問を呈し批判しなだめるという介入とであり、戦略経営における権限の分権化は、資本支出に対する事業単位および部門の各マネジメントによる自由裁量権の拡大を意味した。

　1990年代の主要な優先事項は、急速に変化する外部環境と株主からのリターン要請の拡大に対応するためにより迅速な意思決定を行うことであり、戦略計画において、長期の成長と安定性に対する計画は減り、成熟し成長が鈍化した事業からの増大した利益を搾り取る計画は拡大した。事業レベルのマネジャーが事業戦略に責任を負い、全社レベルのマネジメントが株主のリターンに責任を負う場合、戦略的意思決定の分権化は、部門のパフォーマンスに明確な責任を負う部門の執行責任者に合わせる必要があった。

　1996年までに、戦略計画プロセスの主要な焦点は、中期的なパフォーマンス目標になった。部門マネジメントの責任が全社マネジメントに期待されるパフォーマンスレベルを達成することならば、求められるパフォーマンスをもたらすことが可能な戦略について、部門マネジメントが自由に選択しなければならないことは必然的な結果である。戦略計画における全社的な幹部の役割として、事業レベルの戦略の是認や承認に対して焦点を当てることはより少なくなった。そして部門との期待されるパフォーマンスに関する交渉および、部門の戦略的意思決定の質を改善するために提案された戦略の背後

にある思考に疑問を呈することと挑戦することにより焦点を当てるように
なった。上述のような分権化は、計画スタッフの役割を縮小させた。この縮
小は、経済予測活動の削減と分析などのコンサルティング会社へのアウト
ソーシングによりさらに強められた。そして計画スタッフは、オペレーティ
ング部門に位置づけられるようになった（pp.507-508）。

　ここ10年にわたる戦略計画の内容において生じた重要な変化は、時間範
囲の短期化、詳細な計画から戦略方向への変質、パフォーマンス・プランの
強調である。範囲の短縮は、計画期間の公式的な変化からではなく、長期か
ら短期・中期への強調の変質から生じた。中期と長期の両方の戦略計画に従
事する企業は、長期の計画を犠牲にして中期の計画を強調した。戦略の最優
先事項がリストラクチャリングや、コストカット、株主リターンの増大の必
要性などによって占められている企業において最も、計画時間範囲の短縮は
明らかであった。また計画期間を投資の寿命へより連結するという傾向が
あった。

　増大する環境変化は、計画プロセスの公式性と厳密性をより低下させるの
みならず、戦略内容の正確性を少なくし、より柔軟性を高めるという結果を
もたらした。戦略計画は、詳細な行動プログラムや特定のプロジェクトへの
コミットメント、資源展開よりも、戦略をガイドする「ミッション」や「ビ
ジョン」というより広く定義された目標にかかわるようになった。このよう
な広い目標は部分的には企業のイメージであるが、企業のスコープに関する
全社的なアイデンティティを設定した境界という意味の創造と長期的な戦略
意図の構築という点で戦略的意思決定において重要な役割をもつ。

　1990年代において、戦略計画は、予測や特定の戦略的意思決定から財務
上やオペレーション上の目標を強調するようになり、その構成要素は、財務
目標、オペレーティング目標、安全と環境上の目的、戦略的中間目標、資本
支出の限定などである。これらの要素において、1990年代に圧倒的に優先
されたのは財務目標であり、EVA（Economic Value Added）などの新しい利益
性の指標や株主価値分析のテクニック、リアルオプション分析などの新しい
手法が含まれる。効果的なパフォーマンスのモニタリングは四半期および年

次評価を必要とし、他方で株主価値の最大化は長期利益の最大化を必要とするため、企業は、短期目標と長期目標を調整する問題を把握した。短期の利益目標と長期の競争優位を結合させるため、「バランスト・スコア・カード」を活用した。パフォーマンス計画を補足する不可欠なものはパフォーマンス・レビューであり、これは戦略計画プロセスの中心的要素であった。ほとんどの企業は、部門と全社マネジメントとの非公式的な議論をともなう文書化されたパフォーマンス・レポートを提示する事業にもとづく四半期パフォーマンス・レビューをもっていた（pp.507-510）。

「1960 年代および 1970 年代の戦略計画システムは、戦略策定のためのメカニズムであった—成長を計画し資源を配分した」（p.510）。1990 年代後期までに、戦略策定のほとんどは、企業の外部から生まれ、買収や撤退、リストラクチャリング、コストカットなどの重要な戦略的意思決定は、戦略計画システムから生じたものではなかった。戦略的意思決定は生じた機会と脅威に対応するため行われ、続いて戦略計画へと組み込まれたのであった。

戦略計画の役割は、戦略的意思決定のためのコンテクスト、調整のためのメカニズム、統制のためのメカニズムになった。戦略計画システムは、戦略計画に関する方法論とテクニックに影響するプロセスとコミュニケーションや知識の共有のためのチャネルと議論の場を提供するプロセスとを通じて、戦略的意思決定の内容と質に影響を及ぼすコンテクストを生んだ。コミュニケーションや知識の共有のプロセスを強調する計画の増大はまた、分権化された戦略的意思決定を調整する基盤を提供した。意思決定が分権化されればされるほど、拡散した意思決定を調整するための会話、調停、合意などの構造化されたプロセスの必要性が増す。事業部レベルの戦略を統制するために、旧来の全社計画モデルは承認やサポートなどにより戦略の内容とかかわる「インプット」を統制するシステムであったが、1990 年代後期までには、戦略の結果とかかわるパフォーマンスという「アウトプット」を統制するシステムへと変質した。

第一に、事業レベルの戦略計画を形作る全社的なガイドラインは企業全体の財務パフォーマンス目標（1990 年代後期までには株主リターンと優れた利益）を

強調し、第二に、（オペレーティング利益と投下資本収益などの）事業レベルのパフォーマンス目標にますます焦点を合わせ、第三に、パフォーマンス目標の設定とモニタリングとそれにともなうパフォーマンス計画プロセスの重要性が高まった（pp.510-512）。

　以上、戦略計画の進化に関する諸研究を概観したが、それぞれ公式的戦略計画システムの問題点や批判を克服するための方向性を明らかにしている。

　Gray（1986）は、計画プロセスにラインマネジャーを参加させること、事業単位を正しく定義すること、詳細に行動ステップを描くこと、戦略計画と他の組織コントロール・システムを統合すること、などによって克服できるとしている。Wilson（1994）は、計画は継続的な組織学習、迅速で柔軟な変化への対応、企業文化の変質にかかわるようになったと述べながら、計画スタッフの信頼性や管理者のコミットメントの時間枠の維持、全社戦略と事業戦略の役割の明確化、モニタリング・システムの改善（とくに競争的な知力のドメインにおいて）、戦略計画とオペレーション計画間の連結強化などが戦略計画プロセスに求められると論じた。Grant（2003）によれば、戦略計画プロセスは、より分権化され、計画スタッフの主導が少なくなり、非公式性が高まった。また戦略計画は、より短期的になり、より目標志向になり、行動や資源の配分の明示化は少なくなった。戦略計画システムの役割としては、戦略的意思決定としての役割は少なくなり、調整やパフォーマンス管理のメカニズムとしての役割が拡大した。

第4節　戦略計画の進化に関する検討

　Grant（2003）によれば、戦略計画の進化は、戦略策定における合理的デザインと組織的創発の役割に関する議論に対していくつかの意味合いをもつ。

　Mintzbergに批判されたような高度に官僚的でトップダウンのプロセスは、1990年代後期の石油メジャー企業の戦略計画システムにはなかった。これらの企業の「戦略計画は主として全社マネジメントが方向性を提供するが、主要なインプットは事業およびオペレーティングの単位から生まれるボトム

アップ・プロセスであった」(p.512)。上述した Mintzberg による 3 つの戦略計画の前提の誤り（「事前決定の誤り」、「分離の誤り」、「公式化の誤り」）に関していえば、主要な外部変数の正確な予測を信頼する戦略計画システムはなく、すべての企業は主要な戦略責任をラインマネジャーに位置づけ、実質上計画手順の公式化は減少した。

　Grant によれば、計画の主要な方向性はボトムアップであり、かれは戦略的意思決定において実質的な自律性と柔軟性を示す事業単位マネジャーをともなう戦略計画プロセスを「計画された創発のプロセス（a process of planned emergence）」とよんだ。このように Grant は、1990 年代後期の石油メジャーの戦略計画システムにおいて、公式的戦略計画に対する Mintzberg の批判はあてはまらないことを明らかにしている。しかしながら、このような公式的戦略計画の進化は、Mintzberg の批判を克服する形で展開しているように思われる。

　Mintzberg(1990)への Ansoff(1991)の反論に対する返答において Mintzberg (1991) が述べているように、計画型モデルと創発型モデルがそれぞれ示す「二つのプロセスは関連しあう（intertwine）」のである。Mintzberg (1991) はまた Ansoff の示した「戦略的学習モデル」がこの点を同じく意味しているとしている。つまり Mintzberg (1991) は、戦略は計画的に策定されると同時に創発的に形成されねばならないと考えているのである。このためのメカニズムについて、三者の見解が一致しているかどうか検討することが重要な課題となるが、一見同じ結論のようにみえるが、新しい戦略について、Mintzberg は「直観や学習」により考え出そうと主張するのに対して、Grant は「計画された創発のプロセス」から、そして Ansoff は「戦略対応能力の制度化」によって、考え出そうと主張しているのである。つまり「学習によって」創発させるのか、「計画によって」創発させるのかという違いがある。このようにとらえるなら、それぞれの研究者において計画型モデルと創発型モデルを総合するということには見解が一致するがその総合のやり方が異なると考えられる。この点について、Mintzberg と Ansoff の見解を以下で比較検討してみる。

Mintzberg（1996）によれば、「ランダムな経験」ではなく「市場で思いがけない発見をしてそして学習する機会に身をさらすこと」（p.96）で、もし何か発見したとするなら、新しい戦略のコンセプトは、何らフォーマルなテクニック（分析）のない（総合の）創造的なプロセスであり、複雑な組織においてこれらの戦略をプログラム化するためにまた環境に屈しないために、しばしばより多くのフォーマルな分析を必要とする。また創発的学習は熟慮された計画プロセスに知識を提供しなければならないのであり、つまり戦略は公式的にプログラム化される前に非公式的に考え出されなければならないのである（Mintzberg［1991］、p.465）。

　Ansoff（1990）のいう戦略的学習は、計画と実行を組み合わせる複雑なアプローチである（pp.476-478、訳540-542ページ）。情報が不十分で将来の見通しのための調査に非常にコストがかかるような場合、まず漸進的に資源投入過程を取り入れ、投入に関する意思決定において準備段階がすぎるまで可能な限り選択の幅を保ち、資源の投入はつぎの投入のための戦略的学習を最大化するように行い、計画策定は実行と並行的に行い、費用対効果や対応の緊急度、リスクなどを考慮して計画か実行かの決定を行うのである。

　これらの両者において「戦略が創発する段階」と、「計画と学習の総合」に関して見解が異なるようである。

　まず戦略が創発する段階に関して、Mintzbergは学習によって現場から創発されるとし、Ansoffはいろいろなオプションを同時に進め漸進的に合理的に選択肢を絞るとするが、そもそもそのオプションをどう創発するかについては明確に述べていない。つぎに、計画と学習の総合に関して、戦略的意思決定プロセスおいて、Mintzbergの場合創発された戦略をどの段階で分析を通じてプログラム化していくのかという問題があり、Ansoffの場合どのような基準にもとづいて資源投入の量やタイミングを決めるのかという問題がある。それとともに両方の見解は結局のところ、計画型モデルの役割を「…戦略を創造するためではなく、すでに持っている戦略をプログラミング化するために公式的な計画策定を行う」（Mintzberg［1994］、p.333、訳353ページ）ことに限定してしまう問題がある。Mintzberg（1994）は、「直観と分析の結合」

（第6章第2節）について論じ、そこでは戦略の創造を直観というブラックボックスに入れ、その中へのインプットおよびアウトプットは分析によって行うと指摘しているのである（p.331、訳351ページ）。しかしながら、戦略の創造は、現場から学習を通じて創発することもあれば、分析を通じて、合理的な戦略思考者（必ずしもトップ・マネジメントに限らない）により、また公式的な集団的な検討プロセスにより、策定されることもありうるのではないだろうか。それゆえ Mintzberg がいう戦略の創造を直観というブラックボックスに合理的な分析が入り込める可能性や、そして Mintzberg が述べたように計画書や計画担当者が担うとされるインプットとアウトプットはそれ以外のたとえば現場従業員、ラインマネジャーなどによっても担われる可能性がある。そのための諸活動および相互作用を検討することがつぎの課題である。

小　　括

第1節では、戦略的意思決定プロセス研究における計画型モデル批判として、計画の活用における問題点（Steiner）、計画を立てる手法の問題（Gray）、戦略を計画すること自体の問題（Mintzberg）などについて考察し、とくに計画型モデルを含む規範学派に対して多様な批判を行っている Mintzberg らによる、たとえば、事前決定の誤り、分離の誤り、公式化の誤りなどの計画型モデルの落とし穴に関する見解を考察した。

第2節では、Mintzberg の批判に対する計画型モデルの中心の一人である Ansoff による反論により端を発した両者間の論争について検討し、また Mintzberg の創発型モデルに対する批判について考察した。たとえば、変化が加速している現在のような状況では、先見性のある競争相手が前もって戦略的な変動を起こすとき、Mintzberg によって提唱されている「創発された戦略」では企業の生存を危うくするという批判が Ansoff により指摘されている。

第3節では、計画型モデルが創発的要素や分権化などの活用により進化してきたことを論じた見解について考察した。たとえば戦略実行の欠如に対応するために、戦略計画に対する責任をもつ単位がスタッフからラインマネ

ジャーへ、全社レベルから事業レベルへとシフトしたことなどをはじめとする計画型モデルの進化を論じた Gray、Wilson、Grant の研究について考察した。そこではまた Mintzberg による批判を克服する形で進化してきていることを示した。

　最後に第４節では、計画型モデルと創発型モデルがそれぞれ示す２つのプロセスは関連し合うもので、戦略は計画的に策定されると同時に創発的に形成されなければならないと考えている点で、Mintzberg と Ansoff の見解が一致している半面、「学習によって」創発させるのか、「計画によって」創発させるのかという違いがあることを明らかにし、またそれぞれの見解における問題点を指摘しながら両モデルの統合の可能性を提示した。

　次章では、戦略的意思決定プロセス研究の二分法にかかわる研究の動向として位置づけることのできる環境要因と意思決定プロセスの適合関係についての仮説を提示している諸研究について検討を行う。

第4章

戦略的意思決定プロセスと環境要因の
適合に関する諸仮説

はじめに

　戦略的意思決定プロセス研究における二分法にもとづく諸研究は、戦略的
意思決定プロセスと環境要因との間の適合関係についての議論を展開してい
る。

　環境と戦略的意思決定の各モデルとの適合関係における最も初期の見解と
考えられる Mintzberg（1973）は、フォーマルで包括的な計画モードは一般的
に、激しく予想不可能な競争にさらされていない一定の規模をもつ企業にお
いて見出され、環境における非現実的なまでの安定性を必要とし、適応モー
ドは複雑で急速に変化する環境に直面した企業が活用すると述べている。す
なわち、安定的な環境下では計画型モデルが、不安定な環境下では創発型モ
デルが、それぞれ適しているということである。

　しかし、これと矛盾する「不安定な環境において計画型モデルが適してい
る」という見解がある。つまり、環境と戦略形成プロセスとの適合関係に関
する議論において、「不安定な環境下では創発型の戦略形成プロセスが適し
ており、また安定的な環境下では計画型の戦略形成プロセスが適している」
という仮説およびそれと矛盾する「不安定な環境下では計画型の戦略形成プ
ロセスが適している」という仮説が、多様な分析にもとづき提示されている。

　本章では、このような矛盾する諸仮説を提示している諸研究について考察
を行い、これらの仮説において、後者の仮説が優勢ではあることを示しなが
ら、またこれらの研究手法がもつ限界について明らかにする。

　第1節では、Fredrickson を中心に「計画型モデルと安定した環境の適合」
および「創発型モデルと不安定な環境の適合」という仮説について、第2節

では、Miller & Friesen（1983）、Eisenhardt（1989）をはじめとする諸研究者が提示した「計画型モデルと不安定な環境の適合」および「創発型モデルと安定した環境の適合」という仮説について考察する。第3節ではこれらの矛盾する仮説について検討する。

第1節　「計画型モデルと安定した環境の適合」および　　　　「創発型モデルと不安定な環境の適合」仮説

　Fredrickson & Mitchell（1984）は、「…合理的モデルは安定的な環境における組織にとって適切であり、不安定な環境においてインクリメンタルなモデルが活用されるべきである」（p.405）とし、「戦略的意思決定プロセスの包括性とパフォーマンスは不安定な環境において負の関係がある。安定的な環境においては正の関係がある」（同）という仮説を提示し、それを実証的に検証している。これまでの戦略的意思決定プロセス研究が定性分析にもとづき主にモデルおよび理論の開発が行われてきたのに対し、定量分析を行い統計的に検証しているのである。

　かれらはまず統合された包括的な意思決定について、状況診断、代替案の生成、代替案の評価、および意思決定の統合という4つのステップに分解している。これらのステップは結合する際、意思決定プロセスの包括性を変えうる異なった機会を提供する。ステップごとに包括的か非包括的かについて、たとえば直接関与した従業員の数、かれらの専門に関する領域、求められた外部者、考察された問題の原因と解決、用いられた分析あるいは統合のテクニック、などが必要に応じて質問されている。

　かれらの調査には不安定な環境下の27企業の109人の経営陣が参加した。そこでは戦略的意思決定についての情報を得るために各企業のCEO（最高経営責任者）および副社長に対する構造化されたインタビューがなされた。たとえば、産業が直面した主要な問題と最近なされた主要な意思決定などについてインタビューが行われている。このインタビューにもとづき、主要な問題を組織が解決する試みを記述した意思決定シナリオを作成し、このシナリ

オにより状況を診断し、代替案を作成し、代替案を評価し、全体戦略へ意思決定を統合する際に組織は何をしたのかについて詳細な記述を提供している。109 人の参加者はシナリオを読み、同じ問題に直面したときにそれぞれの企業が用いる意思決定プロセスを記述する一連の質問項目に回答している。項目は包括的構成を評価するようデザインされている。回答は企業内で集計され、組織の規模を統制した上で、組織のパフォーマンスと包括性の関係が調査されている。調査対象としてここでは不安定な環境下におかれているとされる北西太平洋に位置する木材産業が選択されている。そして直近 5 年間の税引き後の平均資産収益率とグロスの売上高の変化率という経済的パフォーマンスと意思決定プロセスの包括性との相関について調査している。結果として、上述の仮説は支持された。

さらに Fredrickson（1984）は、Fredrickson & Mitchell（1984）と同様の方法で、安定的な環境下にある一つの産業（塗装産業）に対し、合理性の指標である包括性と業績の関係について調査して、「安定的な環境下では包括性と業績には正の関係」があるという仮説の検証を行っている。結果的に、包括性と税引き後の平均資産収益率との関係に強い相関が見出されている。これらのことから Fredrickson（1984）によって、不安的な環境下で成功的な企業は、迅速に意思決定を行い、それらを全体の意思決定に統合しようと試みることもないこと、このアクションが継続的に変化する機会と脅威に関するリストを開発し対処することを可能にし、そして資源を不確定なコースへとコミットさせないこと、などが指摘されている。また安定的な環境下で成功している企業は意思決定が合致した全体戦略をもち、このような環境はほとんど機会を提供せず、現れた機会はほとんどの競合者にとっても自明のことである。それゆえ、安定した環境下にある企業は誤りについての許容範囲がより狭く諸機会もより少ないがために、安定的な環境下で操業する役員は分析的な意思決定を行わなければならず、さもなければ数年間にわたり貧弱な意思決定の結果により不利を被るのである（p.457）。

Hart（1992）もまた（第 1 章の表 1-1 参照のこと）、（計画型モデルに分類できる）ラーショナルモードと相対的に安定した環境との関係について、また（創発

型モデルに分類できる）シンボリックモードやジェネレイティブモードと不安定な環境との関係について、以下の命題を提示している（pp.340-346）。

　ダイナミックな環境下では、トップ・マネジメントに多大な要求があるため、過剰な認知負荷や分析麻痺のリスクがあるのでラーショナルモードの活用は困難である。

命題2c：ラーショナルモードは相対的に安定した環境において築いた戦略
　　　　　ポジションを守りながら安定的に成長する、より大規模な企業間
　　　　　で最も一般的であろう。さらにラーショナルモードはこのような
　　　　　状況で高いパフォーマンスと関係づけられる。

　急速に変化する環境下ではトップ・マネジメントが詳細な計画や公式システムを開発できないために、また敵対的な産業において変化志向が不可欠であるために、スピードや柔軟性をもち、また事前志向をもつシンボリックモードが活用される。

命題2b：シンボリックモードはダイナミックで変化の速い環境において積
　　　　　極的に対応する戦略に従い、急速な成長や方向転換をする企業に
　　　　　とって最も一般的であろう。さらにシンボリックモードはこのよ
　　　　　うな状況で高いパフォーマンスと関係づけられる。

　ダイナミックで複雑な環境では、熟慮して全体を調整する大規模な展開が難しくなり、複雑でばらばらの市場に対応する必要があるために、分権化された個々の組織構成員が戦略を生む革新的活動に依存するジェネレイティブモードが必要になる。

命題2e：ジェネレイティブモードは、試行することが競争上の成功にとっ
　　　　　て重要である乱気流の（複雑で急速に変化する）事業環境において競
　　　　　争する企業間で最も一般的であろう。ジェネレイティブモードは
　　　　　このような状況で高いパフォーマンスと関係づけられる。

　これら環境の不確実性の程度と戦略的意思決定プロセスとの適合関係に関する仮説は要するに、合理的で分析的な計画型モデルは安定的で予測可能な環境と適合し、インクリメンタルな創発型モデルは不安定で予測が困難な環

境と適合するという見解である。なぜなら、不安定で情報が欠如している状況下で、戦略策定者は、公式的な戦略計画にかかわるシステマティックな思案や分析に不可欠な情報の入手が困難で、諸要素間の因果関係が不明瞭で予測が困難であり、また公式的な戦略計画は時間を浪費するからである。それゆえ不確実な環境下では、環境状況がわかり情報が入手されるに従って柔軟に適応的に対応しなければならないからである。

第2節 「計画型モデルと不安定な環境の適合」および 「創発型モデルと安定した環境の適合」仮説

　Miller & Friesen（1983）は、戦略的意思決定プロセスが環境にとってふさわしい場合のみ最適な戦略は選択されうると述べつつ、このプロセスを、組織構造とともに環境についての情報の処理を促進する装置の一つとしてとらえている。そして高い成果を達成するためには環境からの挑戦の諸変化と戦略的意思決定の諸変化とがどの程度関連するのかについて調査を行っている。

　かれらはまず環境について、ダイナミズム（dynamism）、敵対性（hostility）、異質性あるいは複雑性（heterogeneity or complexity）の3つに分類し、戦略的意思決定の次元を分析とイノベーションの2つに分類し、それぞれの属性間の6つの組み合わせと経済成果との関連性について調査している。

　ここでいうダイナミズムとは、競合者や顧客のアクションの不確実性や予測不可能性とともに産業における変化やイノベーションの率によって特徴づけられ、敵対性とは、競争の多面性や強さ、激しさと企業が属する主たる産業の上昇や下降などによって強いられる脅威の程度であり、異質性あるいは複雑性は、製造やマーケティング志向における多様さを必要とする市場内での変化の程度を包括している。

　戦略的意思決定の次元における分析とは、秩序立って体系的に、意思決定により多くの要素を取り込み（分析と複合性）、さまざまな意思決定の補足やシナジーを確保し（統合）、将来のコンティンジェンシーを計画化（将来可能性）することであり、それゆえ計画型モデルと関連性がある。戦略的意思決

定の次元におけるイノベーションとは新しい製品や製造・サービスの技術の採用、マーケティングや製造などの問題に対する新しい種類の解決の探索、競合者に追随するというよりはむしろリードしようという試み、リスクテーキングなどを意味するがゆえに創発型モデルと関連性がある。

　ダイナミズムと分析の関係に関して（pp.225-229）、高い成果を示すカナダ企業は、ダイナミズムが増加した場合、分析が増加しており、成功的でないカナダ企業では分析とダイナミズムの変化間に明確な関係はなかった。成功しているアメリカ企業で増大するダイナミズムが増加する分析に合致した傾向は控えめであるようで、成功的でない企業における両者の関係には弱い負の関係がみられた。イノベーションとダイナミズムの組み合わせについて、カナダ企業のデータでは、少なくとも産業におけるイノベーションによってはっきり示された場合、ダイナミズムは成功企業におけるイノベーティブな対応の開始において最も顕著にみられるようである。成功的でない企業においてはこのような傾向は示されていない。アメリカ企業において、成功的な企業は、ダイナミズムと積極的でリスク志向でイノベーティブな行動との同時的な変動がみられた。成功的でない企業からはこの結果は示されていない。またこれらの関係から企業は顧客の行動に不確実性がある場合は、いつも分析的に対応しようと試みるべきであり（それにより市場変化への対応の必要性の理解を提供する）、競合者間に高いレベルのイノベーションがある場合は、イノベーティブに対応しようと試みるべきである（これにより製品やサービス、実践を更新し続けることを可能にする）。

　敵対性と分析の関係に関して（p.229）、成功的でない企業の特徴は、脅威がある間、分析を削減していたことであるが、成功的企業では敵対性が増大するにつれ分析が増加した。とくに競争の次元が価格、品質、流通、製品の魅力、等々のような多次元に拡大したとき、分析を通じて効果的な戦略を構築することが必要になるだろう。競争の複合性はいっそう、戦略的意思決定の複合性によって、つまりより広範な局面を考察することによって対処され、他方で競争の激しさは多くの分析を引き出さないようである。おそらく環境をすでに認識しており、競争の激しさ自体は追加的な情報をほとんど必要と

してないからである。成功的なアメリカ企業における両者の関係は成功的でない企業における関係よりも強い。敵対性とイノベーションの関係は、カナダ企業のサンプルにおいて、成功している企業において強い負の関係があり、成功的でない企業においてはより少ない負の関係がみられたが、アメリカ企業では負の関係は支持されていない。

異質性と分析の関係に関して（pp.229-230）、成功している企業もしていない企業も両者の関係に関して何ら違いは示されなかった。成功している企業において、異質性とイノベーションの間に強い関係を示した。

ところで、環境のダイナミズムと敵対性は、各市場に対する企業の情報加工タスクを増大させ、そしてこのことが意思決定者の側により多くの分析を必要とさせるようである。反対に、異質性の増大は、経営管理タスクを非常に複雑にするため、より多くの専門家が企業のさまざまなレベルや子会社での意思決定に関与するようになる。

結論としては、「環境のダイナミズムの増大はより多くの分析とイノベーションを必要とするようであり、環境の敵対性の拡大は追加的な分析を必要とするようであり、最後に、より異質性に直面している企業は、明らかにイノベーションから恩恵を受ける、…しかし敵対性とイノベーション、そして異質性と分析の関係に関してはあいまいな結果である」（p.231）ということである。

Bourgeois & Eisenhardt（1988）は、変化が急速な環境（high velocity environments）下にあるマイクロコンピュータ業界の４社に関する帰納的ケーススタディにもとづき以下のような命題と仮説を提示している。ここでいう変化が急速な環境とは、需要や競争業者、技術、規制などの迅速で非連続的な変化があり、情報がしばしば不正確で、入手困難で、廃れるというような環境である（p.816）。

命題１：変化の速い環境において、効果的な企業は合理的意思決定プロセスを活用する（p.826）。

環境変化のスピードが加速するにつれ、効果的な役員は、徹底した分析プロセスに従事し、それを構造化することによりきわめて不確実な世界に対処

する。かれらの調査によると、このような状況下でパフォーマンスのよい企業は、古典的な教科書で書かれているように産業分析、競合分析、自社分析、ターゲット市場の明確化、戦略開発などを行っていた。

→仮説1.1：変化の速い環境において、より分析的な戦略的意思決定プロセスほどパフォーマンスが良い（p.827）。

　精神分析の処方箋で、速く無秩序で不安定な個人的環境により圧力を受ける人にはコントロールの意識を強めるために情報を収集し代替案を集め評価しながら、目標を明確化し優先順位を設定する合理的プロセスを通じて世界を秩序づけるようアドバイスするとされているように、変化の速い環境は、経営役員が不安定性に対処すると同様に、認知マップを構成し、戦略が成功するとみなすことができる理論を形成するよう強いる。

　かれらの調査ではまた、代替案をもたなかった企業（ファースト社：仮名）もしくはたった2つしか検討しなかった企業（アルファ社：仮名）はパフォーマンスが低かった。

→仮説1.2：変化の速い環境において、戦略的代替案のより包括的なリサーチほどパフォーマンスが良い（p.828）。

　かれらの調査によると、上級役員が明確な先見的で範囲の広い目標を設定していた企業（ザップ社：仮名：可能な限り最大の投資資金の確保、マーベリック社：仮名：市場における最も破壊的マシーン）のパフォーマンスがよく、否定的な刺激へ反応する形で明確な目標をもたない企業（ファースト社：訴訟への機会主義的対応、アルファ社：利益の低下）の業績は悪い。

→仮設1.3：変化の速い環境において、成文化された目標がより明確に明示的に表現されるほどパフォーマンスが良い（p.828）。

　Eisenhardt（1989）は、8社のマイクロコンピュータ会社に対するCEOインタビュー、トップマネジメントインタビュー、質問票、二次ソースとその他データ（長期にわたる戦略的意思決定の会合や週ごとのエグゼクティブのスタッフ・ミーティングの観察を含む）などにもとづくケーススタディを行い、急速に変化する環境におけるスピードにかかわる戦略的意思決定のあり方に関する命題

を提示している。

　彼女の分析によれば、速い意思決定を行うエグゼクティブは遅い意思決定を行う人々よりも広範な情報を用いていた。ここでの情報はあらかじめ準備された（forecasted）情報ではなく、とくに企業の競争環境やオペレーションに関するもので、出来事と報告の間にほとんどタイムラグがないリアルタイムの情報であった。このような多くの情報により、エグゼクティブが問題や機会を早く見極めることができるようにして問題の識別を速くすること、リアルタイムの情報に触れることでエグゼクティブの直観を鍛え上げ変化へ早く正確に対応できるようになること、などがその理由であると指摘されている。

→命題1：リアルタイムの情報の利用が多ければ多いほど、戦略的意思決定
　　　　　のスピードが増す（p.549）。

　彼女の分析ではまた、より速い意思決定はより多くの代替案と関連しており、速い意思決定は多様な代替案を同時に、遅い意思決定は少ない代替案を順次的に考察していた。代替案を同時に考察することにより、一つのオプションにこだわり続ける心理的な状態を回避させ、一つのオプションがだめになったときに速く新しい代替案を選択できるからである。

→命題2：同時に考察される代替案の数が多ければ多いほど、戦略的意思決
　　　　　定のスピードは増す（p.556）。

　CEOがアドバイスを集めるプロセスは重要であり、速い意思決定の場合、一人もしくは二人の経験豊かなエグゼクティブ（かれらは「カウンセラー」とよんでいる）からのアドバイスに焦点を当てていた。このカウンセラーがアイデアに速くしっかりとした標識を提供し、代替案の開発を早めるのである。またかれらは経験豊かな信頼のおける人として過去の意思決定との関連で、企業が環境変化の速い環境下で動くことを難しくする大きな賭けとなる意思決定のあいまいさを克服するのに役立つ。

→命題3：経験豊かなカウンセラーを活用すればするほど、戦略的意思決定
　　　　　のスピードが増す（p.559）。

　遅い意思決定においてこの解決に問題があり、すべて合意するまで待つか、

デッドラインまで決断を引き延ばすか、などによって意思決定していた。速い意思決定において自身でそれを解決する意思決定者によってコンフリクトは条件つきの合意（consensus with qualification）により積極的に処理されており、関与する人みんなの合意が試みられ、合意できない場合は CEO や副社長などが選択を行っていた。このことは、エグゼクティブは自身の分野を除いて、意思決定に参加したがるが選択はしたがらないので評判がよいのである。

→命題 4：積極的なコンフリクトの解決を活用すればするほど、戦略的意思決定のスピードが増す（p.562）。

　速い意思決定は戦略的意思決定を他の決定（過去や現在の戦略的意思決定）や戦術的な計画（たとえば予算やエンジニアリングなど）と統合するよう試みているが、遅い意思決定は各々の意思決定を個別のものとしさらには分離した出来事とみなしていた。意思決定の統合はエグゼクティブがより速く代替案の実行可能性を分析することや大きな賭けとなる意思決定のあいまいさに立ち向かうことに役立つのである。

→命題 5：意思決定間の統合がなされればなされるほど、戦略的意思決定のスピードが増す（p.565）。

　最後にかれらのデータは以下の命題を示唆する。

→命題 6：戦略的意思決定のスピードが増せば増すほど、急速に変化する環境下ではパフォーマンスが高まる（p.567）。

　以上のように、Bourgeois & Eisenhardt（1988）と同様に Eisenhardt（1989）もまた計画型モデルを特徴づける分析や包括性が意思決定のスピードを要請する不安定な環境において活動する企業にとって必要な成功の要因であると結論づけている。

　Priem, et al.（1995）は、複数回答者調査（multiple respondent survey approach）を用いて多様な環境状況におけるプロセスの合理性と業績間の関係について調査し、これまでの矛盾する諸研究について考察を行っている。調査対象は、アメリカ南西部の州に立地する、独立しかつ多角化していない 101 社の製造会社（従業員 100 人以上、グラスファイバーボート、油田装置、冷凍野菜、パーソナル

コンピュータなどの製品の製造）である。プロセスの合理性はスキャニング、分析、計画のプロセスにより、環境のダイナミズムは産業における技術と製品の変化の程度により測定されている。

この調査結果では、ダイナミックな環境下にある企業において、プロセスの合理性と業績は正の関係がみられ、環境のダイナミズムが低い環境下にある企業ではこのような関係は見出されなかった。このことは、上述した Eisenhardt (1989) や Miller & Friesen (1983) などの見解と一致し、Fredrickson (1984) や Fredrickson & Mitchell (1984) の見解とは一致しない。すなわち Fredrickson の諸研究が他の研究と矛盾する結論を導いているのである。

以上のように環境と戦略形成プロセスモデルの適合関係についての矛盾する仮説が提示されている。次節ではこの矛盾について検討する。

第3節　矛盾する仮説についての検討

Bourgeois & Eisenhardt (1988) によれば、Fredrickson & Mitchell (1984) の研究との違いが調査方法と調査対象において、また環境のダイナミクスに関する定義においてみられる。後者は木材産業に関する研究で、Bourgeois & Eisenhardt はマイクロコンピュータ産業に関する研究である。木材産業とマイクロコンピュータ産業では変化の質と不安定度に違いがある。変化の質に関しては、前者の不安定性はコモディティ製品（差別化が難しい汎用製品）の循環的な需要に起因するもので、後者はマイクロコンピュータ業界の非連続的変化に起因する。また不安定度に関しては、マイクロコンピュータ産業と環境の安定した産業とは、不安定度という観点からは両極に位置づけられ、木材産業はその中程度の不安定度に位置づけられ、両極が計画型モデルに適しており、中程度の産業は適応型に適しているということも考えられるのである (pp.827-828)。

Eisenhardt (1989) は、Fredrickson & Mitchell (1984) の研究との矛盾について以下のような見解を示している。

第一に情報収集について (p.555)、かれらの包括的な情報の収集は計画情

報についてではなくリアルタイムの情報のことを指すが、Fredrickson & Mitchell の研究ではそれらを区別していない。

　第二に多様な代替案について（pp.557-558）、Fredrickson & Mitchell は多様な代替案の考察は時間の浪費だとするが、実際には代替案は個別に評価することは困難で、多様な代替案の比較プロセスが代替案の強みと弱みを明確にし、最も実行可能な代替案が考察されたという信頼を構築するのに役立つのである。さらに同時に複数の代替案を考察することは、一つのオプションへの過度の関与を低減させ、また一つの代替案が失敗したときの予備的な立場を提供する。また多様な代替案の考察は時間の浪費だとする見解は、考察される代替案の数（＝広さ）と分析の深さを識別していない見解である。「深さではなく広さ」による意思決定戦略は時間のプレッシャーが高い場合に効果的なのである。

　第三にカウンセラーについて（p.561）、集権的な権力が速い意思決定を導くという見解に対して、たとえば独裁的な CEO に意思決定のための権限を与えても、手助けなしに解答困難な情報や心理的障壁を克服できず意思決定が遅延するのであり、経験豊かな助言者がいる方が意思決定は速くなる。

　第四にコンフリクトについて（p.565）、かれらの調査ではコンフリクト解決を図らなかった企業ではデッドラインに至るまで決定ができず、その決定は非包括的で十分討議がなされなかった意思決定であった。

　第五に意思決定の統合について（p.567）、意思決定の統合が遅い意思決定を導く見解は、不確実性に積極的に対処する具体的な計画の効果を無視しており、また複雑で公式的な計画を通じて統合を成し遂げるととらえている。しかし実際は、複数の意思決定をいかに適合させるのかに関する心的マップを保持し、簡潔な計画や行動思考のオペレーションに関する文書（たとえば予算やエンジニアリングのスケジュール）によりそのマップを補完することで統合を成し遂げることができるというのである。

　Glick, *et al.*（1993）は、583 の産業の環境についてランクづけし、そのうち変化の程度の高さが 3 位から 583 位までの産業を網羅している。このランクづけにもとづけば、Fredrickson & Mitchell の諸研究において扱われてい

表4-1　合理性、環境のダイナミズムと企業パフォーマンス：比較

	Fredrickson & Mitchell (1984)	Miller & Friesen (1983)	Eisenhardt (1989)	Judge & Miller (1991)	Glick, et al. (1993)
サンプル	不安定な産業（製材）における27社の109人の役員と安定的な産業（塗料と塗装）における38社の152人の役員	15の産業におけるカナダの50社とアメリカの36社	マイクロコンピュータ産業における8社	32人のCEOを含む32社における86人の役員（バイオテクノロジー企業10社、繊維企業10社、病院12社）	79のSBUのトップマネジメントメンバー
データ収集法	「意思決定-シナリオ」に基づく質問	カナダ企業に対する質問票、アメリカサンプルに対するケース史の専門的スコアリング	CEOインタビュー、トップマネジメントチームとの準構造化されたインタビュー、質問票と二次情報源	インタビューと文書データ	質問法と二次情報源
推論方法	演繹法	演繹法	帰納法	演繹法	演繹法
データ分析テクニック	偏相関分析	積率相関分析	パターン分析、プロファイル比較、ケーススタディからの理論構築	回帰分析	回帰分析
コントロール	規模	小規模企業と多角化企業がサンプルから削除	産業	規模、意思決定の重要性	産業、寛大さ
一般性	限定的、各環境タイプから一つの産業だけ含まれているため	良い、サンプルが多様な産業の企業を含められているため	限定的、一つの産業サンプルであるため	中程度、サンプルが多様な環境変化率をもつ三つの産業を含むが、各タイプごと一つの産業と各産業において少数の企業のみであるため	良い、サンプルが乱気流という意味において大いに異なる諸産業における諸企業を含むため
合理性の操作化	状況診断、代替案生成、代替案評価、意思決定統合	将来の可能性、統合、分析、複合性、産業専門性	代替案の数、経験あるカウンセラーの活用、リアルタイム情報の活用、意思決定間の統合	考察された代替案の数	Fredrickson (1984)に基づく包括性の質問票
パフォーマンス	資産収益率、売上高の成長	売上高の成長、ROEの成長	販売トレンド、売上高利益率	資産収益率、売上高成長	オープン・システムの効果、利益率
結論	安定的な環境において合理的意思決定プロセスはより優れた経済成果と、不安定な環境においてより低い経済成果と、関連がある	高い成果をもつ企業に関して、環境のダイナミズムは計画の合理性を伴う	高度に変化する環境における効果的な戦略的意思決定はスピードと包括性に特徴づけられる	同時に考察された代替案の数はすべての環境において意思決定のスピードと正の関係があるが、意思決定のスピードは高度に変化する環境においてのみより高い成果へと導く	意思決定の包括性は乱気流の環境において正の関連があるが、乱気流の低い環境においては負の関係がある

Priem, et al. (1995)、pp.917-918 より引用

る木材業は 196 位、ペイントおよびコーティング産業は 112 位に位置づけられ、2 つの産業の環境の違いはそれほど大きくはないのである。かれらはこのような環境測定の改善とともに、包括性測定の厳密化、サンプル規模の増大、サンプルの多様性の大幅増などから、Fredrickson & Mitchell の諸研究の妥当性は低いととらえている（p.205）。

　さらに Priem, *et al.*（1995）は、高度にダイナミックな環境下にある企業はより包括的に適応すべきであると結論づけながら、諸研究を比較し矛盾する見解について考察して、Fredrickson & Mitchell の見解との違いは、「多くの方法論的なそして理論的な理由のためである」と述べている（p.925）。かれらによればこれらの研究は、表 4-1 で示しているように、まずサンプル、データ収集法、推論方法、データ分析テクニックなどや、重要変数の構成の概念化と操作化において相違がある。これらの相違においてたとえば、環境や合理性、業績に関する概念化と操作化の違いが矛盾する結果を導きうるのである。

　また環境がプロセス合理性と業績の関係に介在するというこれらの諸研究は、環境についてダイナミズムという次元にのみ焦点を当て、Dess & Beard（1984）が示したような環境の同じく重要な局面である複雑性や敵対性などのような次元が取り扱われてこなかった。それゆえ場合によってはダイナミズムという次元において同様の環境下にあるとされる企業・産業でも他の次元が異なるためプロセスの合理性と業績の関係について矛盾する結果を生むこともありうるのである（pp.925-926）。

小　　括

　これらの諸研究について、さらにいえば、「…計画に含まれる詳細な活動（activities）をほとんどまったく無視しており、…多くの矛盾する見解が生じることは驚くことではない」（Johnson, *et al.*［2007］、pp.10-11）という見解がある。

　本章では、この点をさらに詳しく考察することはできないが、戦略実行プロセスの重要性について指摘しておきたい。たとえば Burgelman（2002）は、

「トップ・マネジメントの戦略的意図が十分に実現されることは少ない。というのも、実現には徹底的にフォローする経営者のたゆまぬ努力が必要となるからである。多くのトップ・マネジメントがそれに成功しないのは、組織に実行を強いる能力を欠いているからである」（p.170、訳237ページ）と述べ、戦略実行の重要性について考察している。そしてインテル社のアンディ・グローブ（当時のCEO）のリーダーシップとして、スピーチにより戦略を明示する（外部メディアを通じた自社従業員へのメッセージ配信）、戦略を教える（管理職の戦略能力を高めるため社内で開発された管理職向けの研究プログラム）、組織コンテクストを変える、などの実践を指摘している。組織構造、戦略計画システム、資源配分のルール、採用と昇進に関する制度、評価と報酬に関する制度、業務方針、などが戦略的意思決定プロセスと関連しながら企業の業績に影響すると考えられるのである。

前章の計画型モデルの進化において述べたように、戦略策定におけるトップ・マネジメントの役割が変化したと同時に、トップ・マネジメントが戦略実行により深くかかわるようになってきた。策定と実行を分離して考えるか同時的なものと考えるかとの見解はあるが、いずれにしても戦略の実行面を捨象して組織のパフォーマンスと戦略的意思決定プロセスの適合関係を論じることは問題であろうと考えられる。

また Rajagopalan, *et al.* (1993) によれば、これらの研究間の「矛盾は、部分的には権限配分や情報処理システムのような組織要因の役割に帰すものであり、これらは Eisenhardt の研究では含められているが、Fredrickson の研究には含まれていない」（p.358）のである。そして環境と戦略的意思決定プロセスの特性のさまざまなコンビネーションがさまざまな業績効果をもたらすだけでなく、所与の環境の中で、意思決定プロセスと組織コンテクストのさまざまなコンビネーションがさまざまな業績をもたらすのであるとして、多様な変数を組み入れた包括的な研究の必要性を示唆している。

それゆえ以上のような環境要因と戦略的意思決定プロセスの適合関係についての議論は、次章で考察するようにより包括的なコンティンジェンシー要因を取り込んだ研究へと展開する。

最後に、方法論的制約について述べておきたい。戦略的意思決定プロセス研究における量的研究はさらに、その方法論的限界として、量的研究における「結果の多くは、世界に関する統計的意味においてのみ有意性をもつ」(Mintzberg [1979]、p.583) ということが指摘されている。このことは、量的研究において数値化可能な諸要因が重視され、数値化されにくいよりミクロな要素やそれらの間の相互作用について多くの関心が払われていないことを意味する。つまりプロセスが包括的か否かを数値化し、それぞれの状態と環境をはじめとする諸要因との適合関係を明らかにしようとするものであり、たとえばそれぞれのプロセスで用いられている多様なテクニック、ツールなどは取り扱うことはできないのである。それゆえこれらの研究から示唆されるものは、「ダイナミックな環境に直面した時、環境に関する体系的なスキャニングや慎重な長期計画の準備、代替案の詳細な分析を断念する経営者はかんばしくない経済的結果を被るだろう」(Priem, *et al.* [1995]、p.927) ということにすぎないのである。

第 5 章

戦略的意思決定プロセス研究における
統合的および包括的モデル

はじめに

　Papadakis, *et al.*（1998）は、戦略的意思決定プロセスのあり方にかかわる
重要なコンティンジェンシー要因として何を重視するかに従い、意思決定
パースペクティブ（the decision perspective）、戦略的あるいは経営者選択パー
スペクティブ（the strategic or management choice perspective）、企業の特殊性と
資源有用性パースペクティブ（the firm characteristics and resource availability per-
spective）、環境決定論パースペクティブ（the environmental determinism perspec-
tive）に分類している。そしてこれらのパースペクティブにおいては、「(1)
戦略的意思決定へのより広範なコンテクストの影響に関する調査はほとんど
ない、(2) ほとんどの研究は、戦略的意思決定プロセスへ影響するその他の
重要な要素を無視する一方で、限定的な先行要因に注目している（不完全指
定：underspecification）、(3) 意思決定プロセスは本質的に多次元であるという
事実にもかかわらず、ほとんどの研究はプロセスの一つの特質にのみ注目し
ているにすぎない、(4) くわえて、生み出された多くの証拠は矛盾しており
一貫した理論を構築することから離れている」（p.119）と指摘し、戦略的意
思決定プロセスの統合モデルを構築しようとしている。

　本章ではまず、かれらの分類したパースペクティブにもとづきそれぞれど
のような議論が展開されているのかについて考察し、つぎに統合的あるいは
包括的モデルについて考察および検討を試みる。そこから戦略的意思決定プ
ロセスの構築にかかわる重要な課題を明らかにする。

　第 1 節では、上述した各パースペクティブについて考察を行い、それぞれ
の研究は、戦略的意思決定プロセスへ影響するその他の重要な要素を無視す

る一方で限定的な先行要因に注目していると同時に、諸要因間の相互作用の問題が論じられていないことを明らかにする。

　第2節では、これらのパースペクティブを統合的にとらえようとするPapadakis, *et al.*（1998）の統合的モデルおよびRajagopalan, *et al.*（1997）の包括的モデルについて考察する。これらのモデルにおいて、とくに環境要因と組織要因、経営者の特性などよりも、戦略的意思決定の特質（決定すべき事柄の性質）が強い影響を与えていることや、多様な要因の相互作用によって戦略的意思決定プロセスは形づけられるということを明らかにする。さらにそれらを前提とするならば、意思決定の特質は経営者の解釈や認識から免れられるため、その分析が重要であることを明らかにされていることを指摘する。

　第3節では、これらの統合的モデルが明らかにした点は、意思決定者がプロセス関連の成果に有利に影響するため、いかに戦略的意思決定プロセスに効果的に介入しうるのかという問題を提起していること、またそれらがChild（1972）のいう「戦略的選択」の問題と関連することを指摘し、戦略的意思決定の研究動向においてこの問題を取り扱う諸研究について考察する。

第1節　多様なコンティンジェンシー要因と　　　　　戦略的意思決定プロセス

1. 意思決定パースペクティブ

　このパースペクティブにおいては、意思決定問題自体もしくは戦略的意思決定プロジェクトの性質と戦略的意思決定プロセスとの関係が重要視されている。

　「意思決定の認知とラベリング（decision-making cognition and labeling）に関する調査は、同じ内外の刺激が別個の組織においてあるいは同じ組織においてさえ、マネジャーによって全く違った解釈がなされることを示唆している。このことはマネジャーが意思決定プロセスの初期の段階で意思決定を分類しラベルを貼る方法が組織のつぎに連なる対応に強い影響を持つということ」

（Papadakis, *et al.*［1998］p.117）を示唆するものである。ここでは意思決定の特質は脅威と機会、緊急性、結果の不確実性とリスク、意思決定の複雑さ、などにより定義づけられる。このパースペクティブに関連して、問題の特殊性（Dean & Sharfman［1993］)、戦略問題（Dutton & Jackson［1987］、Dutton, *et al.*［1983］)などについてこれまで論じられているが、この意思決定問題と戦略的意思決定プロセスとの関係について多くが論じられてきたわけではない。

たとえば、Dutton, *et al.*（1983）は、戦略問題診断（strategic issue diagnosis）について、データや刺激が焦点となる問題と探求される問題へと転換される諸活動および諸プロセスであるとし、戦略的意思決定プロセスの理解におけるその重要性について考察している。そこでは「問題のフレーミング」や「決定活動のドメインの定義」によって、「戦略問題診断は、続く戦略的意思決定の諸局面のプロセスとコンテントに大いに影響する」(p.308) と述べられている。つまり戦略問題診断のプロセスとこの診断が続く局面（代替案の創出や評価等々）にもたらす影響について考察しているが、戦略的意思決定プロセスの特質（包括性や統合度等々）との関係については考察されていない。

Dutton & Jackson（1987）は、戦略問題のカテゴリー化（categorizing）と組織アクションの関係について考察し、その中で機会としてカテゴリー化された場合、脅威としてカテゴリー化された場合と比較して、問題解決のプロセスにおいて関与が増加し、組織のロワーレベルの参加が行われるという仮説を提示している。

また Dean & Sharfman（1993）は、問題の特殊性を戦略的意思決定プロセスの諸段階において定式化あるいは解釈されるアウトプットではなく、意思決定プロセスへのインプットとして定義づけ、「手続き上の合理性（procedural rationality)」のレベルに影響をもたらす要因について研究を行い、環境（競争上の脅威）や組織（外部コントロール）とならんでこの問題の特殊性（不確実性）が「手続き上の合理性」のレベルに影響があると結論づけている。さらにHickson, *et al.*（1986）は、意思決定の特質を決定すべきトピック（たとえば、製品、人事、再組織化、立地、等々）などの特質ととらえ、それらは複雑性と政治性の度合いによって類型化され、散発的（sporadic）プロセス、流動的（fluid）プロセス、制約的（constricted）プロセスなどの適合する各プロセスにおいて処理されると論じている。

2. 戦略的あるいは経営者選択パースペクティブ

このパースペクティブでは、CEO やトップ・マネジメントの役割や属性と戦略的意思決定プロセスとの関係が重視されている。意思決定者の役割が強調され、「戦略選択は、内成的な行動の構成要素をともない、部分的には意思決定者の特異性を反映していることが強調されている」（Papadakis, *et al.* [1998] p.117）のである。

組織構造と環境や技術、規模との適合関係などを明らかにするコンティンジェンシー理論に対して経営者の戦略的選択の問題を提示した Child（1972）以降、組織と経営者の選択との関係に関する研究は多いが、それを戦略的意思決定プロセスの特質と関連づける研究としては、たとえば、上位階層の多様性と戦略的意思決定プロセスの関係について考察した Glick, *et al.*（1993）の研究がある。かれらは組織プロセスに関する諸文献や多様な組織の 120 人以上の CEO に対するインタビューによって収集された情報にもとづき、異なった環境特性をもつ多様な産業に属する 20 の戦略的事業単位（多くは独立した企業）を対象に、組織の上位階層の多様性（upper-echelon on diversity）が認知の多様性（cognitive diversity）に影響をもたらし、この認知の多様性が戦略的意思決定プロセスにおける諸変数（意思決定の包括性、豊富なコミュニケーションの量、凝集性）に影響を及ぼし、さらにそれが業績（オープン・システムズの効果、利益率）に及ぼす影響について考察している。

ここでいう上位階層は、デモグラフィック多様性（demographic diversity：職能バックグランド、年齢、組織における在職期間、上位階層における在職期間）と構造上の多様性（structural diversity：職能、地域、市場）をもち、これらの多様性が認知の多様性を構成する、選好の多様性（preference diversity：人的資源の目標、利益目標、システム維持目標に関する不同意）と信念の多様性（belief diversity：柔軟性維持、低コスト VS. 差別化、革新性、広告に関する効果についての不同意）に影響を及ぼすとされている。

3. 企業の特殊性と資源有用性パースペクティブ

このパースペクティブは、組織の内部要因（組織構造、管理システム、過去と現在の戦略、権力の配分、パフォーマンス、サイズ、組織スラック［組織内の余剰資源］、企業統治、トップ・マネジメント・チームの特性など）と戦略的意思決定プロセスとの関係を重視している。「組織の諸システム（とくに、公式的な計画システム）が階層間での情報の流れに重要な影響をもたらすだけでなく、人的相互作用の性質とコンテクストを決定し、そして戦略的意思決定プロセスに影響を及ぼすと予想されている」（Papadakis, *et al.* ［1998］p.118）のである。さらに、過去のパフォーマンスやスラック資源が意思決定の合理性や包括性に影響を及ぼし、企業のサイズや企業統治もまた意思決定に影響するのである。

たとえば、意思決定と組織のシステムとの関連で、Shrivastava & Grant (1985) は、戦略的意思決定プロセスと組織学習のシステムとの関連について考察している。そこでは、経営者専制モデル（managerial autocracy model）、体系的官僚制モデル（systemic bureaucracy model）、適応的計画モデル（adaptive planning model）、政治的便宜主義モデル（political expediency model）の 4 つの戦略的意思決定プロセスモデルと、それぞれをサポートする一人の直観（one person institution）、神話学習システム（mythological learning system）、情報探索的文化（information seeking culture）、参加型学習システム（participative learning system）、公式的管理システム（formal management system）、官僚制的学習システム（bureaucratic learning system）の 6 つの組織学習システムとの関係を明らかにしている。

経営者専制モデルは官僚制的学習システム以外のすべてのシステムを利用可能であり、体系的官僚制モデルは、官僚制的学習システムと公式的管理システムによって最も役立ち、一人の直観、神話学習システム、情報探索的文化とは合わない。適応的計画モデルは情報探索的文化、参加型学習システム、公式的管理システムによって必要な情報を最も識別し集めることができる。理論的には、経営者専制モデルは一人の直観によって、体系的官僚制モデルは官僚制的学習システムによって、適応的計画モデルは公式的管理システム

によって、政治的便宜主義モデルは参加型学習システムによって、それぞれサポートされる。

またFredrickson（1986）、Miller（1987）、Miller, et al.（1988）らは、組織構造と戦略的意思決定プロセスの関係について考察している。たとえば、Fredrickson（1986）は、Hall（1977）が提示している組織構造の3つの次元（集権化、公式化、複雑性）が戦略的意思決定プロセスに与える影響について考察している。

集権化は、戦略的意思決定プロセスの開始が事前の機会探索プロセスである可能性を高め、集権化による認知の制約が戦略的意思決定の包括性に影響し、統合には大きく影響しない。

公式化は、戦略的意思決定プロセスの開始が反応により動機づけられる可能性を高め、戦略的意思決定プロセスの包括性はルールや手順において説明される行動の範囲によって決定し、統合を達成するための能力を決める（しかし実際的な統合は成し遂げられない）。

複雑性（水平的垂直的分化や地理的拡散）は、組織のある場所で最初に戦略問題にさらされるメンバーがそれを戦略的に重要であるとするか無視するかの主要な決定要因であり、戦略的意思決定プロセスの包括性は、構造上の複雑性が参加者からの分野ごとの行動を喚起する程度によって影響され、複雑な構造においてさまざまな場所へ意思決定プロセス活動は配分されるため統合が困難な可能性がある。

4. 環境決定論パースペクティブ

このパースペクティブでは、環境要因と戦略的意思決定プロセスとの関係が重視されている。ここでは、「戦略的意思決定とプロセスは環境の機会や脅威、制約、その他の特性への適応を示している」（Papadakis, et al.［1998］p.118）。前章で述べたように、Fredrickson（1984）、Fredrickson & Mitchell（1984）、Hart（1992）、Miller & Friesen（1983）、Bourgeois & Eisenhardt（1988）、Eisenhardt（1989）、Glick, et al.（1993）らをはじめとして多くの研究があり、とくに環境（安定的か不安定か、等々）と戦略的意思決定プロセスモデ

ル（計画型か創発型か、等々）との適合関係について多様な仮説が提示され検討されている。そして環境要因とのかかわりで、不確実性の高い場合と安定的な場合において、それぞれ適したプロセスがあるという前提の下で論争が展開されており、そこでは環境が不確実な場合、合理性の高いプロセスの方が業績はよいという見解が優勢になっている（Priem, *et al.* [1995]）ということを指摘しておく。

　また環境要因について考察する上で、その定義・分析の多様性を認識する必要がある。環境要因の定義・分析にかかわる見解としては、たとえば不確実性（uncertainty、技術と市場条件の変化の速度により測定 [Lawrence & Lorsch, 1967]）、不安定性（unstable、生産技術と市場条件の変化の速度により測定 [Burns & Stalker, 1961]）、寛大さ-敵対性（munificence-hostility、[Khandwalla, 1977]）などの程度の測定による定義、異質性（heterogeneity、顧客の嗜好、競争の質、市場ダイナミズム、市場の不確実性などにかかわり提供される製品・サービスの相違 [Miller & Friesen, 1983]）等々や、Aldrich（1979）による寛大さ（受容力 [capacity]）、ダイナミズム（安定性-不安定性、乱気流 [turbulence]）、複雑性（complexity、同一性-異質性、集中-分散）などの次元のセットとしての定義・分析など、多くのものがある。

　また環境要因を客観的にとらえるよりも意思決定者に認識・知覚された主観的なものととらえる見解がある（Lawrence & Lorsch [1967]、Duncan [1972]、Anderson & Paine [1975] 等々）。たとえば、Duncan（1972）は、環境に対する認識の違いにより環境の不確実性や次元が明確にされるとしつつ、環境の複雑性（考察される要因の数により単純-複雑）と変化（諸要因が基本的に同じか、変化する過程にあるのかにより静的-動的）という2つの次元の組み合わせにより、単純-静的（低度に認識された不確実性）、複雑-静的（やや低く認識された不確実性）、単純-動的（やや高く認識された不確実性）、複雑-動的（高度に認識された不確実性）、というように定義づけている。さらに「ほとんどの組織においてある程度環境の選択が開かれており、ほとんどの大規模組織においてある程度環境の操作は開かれている」（Child [1972]、p.4）として、環境は能動的に変更しうるもとしてとらえる見解もある。

これらのパースペクティブは、戦略的意思決定プロセスを規定する多様な要因を考慮しつつ、主要な要因を抽出し、それらがいかにこのプロセスに影響をもたらすかについて考察しているが、これらのパースペクティブにおいて示されている戦略的意思決定プロセスを規定する諸要因をより詳細に包括的に取り上げた、次節でみるような統合的および包括的モデルが提示されている。

第2節　戦略的意思決定プロセス研究における
　　　　統合的および包括的モデル

1.　Papadakis, *et al.*（1998）の統合的モデル

　Papadakis, *et al.*（1998）は、上述の諸パースペクティブにおいて、戦略的意思決定プロセスのより広範なコンテクストや、戦略的意思決定プロセスに影響を与えるより多くの重要な先行要素、戦略的意思決定プロセスの多様な次元、首尾一貫した理論が考察されていないとして、以下の調査研究を行い、「戦略的意思決定へコンテクチュアルな影響の統合的モデルを形式化」（p.120）しようと試みている。

　ギリシャの38社の製造企業（食品、化学、繊維の三産業、従業員の300人以上。平均で730人のフルタイム従業員）における70の戦略的意思決定の調査から戦略的意思決定のサンプルを引き出しながら、意思決定プロセスの7つのタイプを分析し、それらと3つの要素（意思決定の特質、トップ・マネジメントの属性、内外コンテクスト要因）との関係について明らかにしている。

　データは、最初にCEOへのインタビュー、主要な参加者への準構造化されたインタビュー、2種類の異なった質問票（CEOへの一般的なものと主要な参加者への意思決定特定のもの）の完成、文書（内部文書、報告、会議議事録など）からの補足的データなどにもとづく。

　ここでいう戦略的意思決定の対象は、「新規事業投資（たとえば合併、買収、ジョイントベンチャー、新会社設立など）」、「資本財投資（たとえば生産設備の拡大、

貯蔵施設、生産設備の近代化など)」、「マーケティング・ドメイン投資 (たとえば新製品導入、マーケティング・チャネルなど)」、「内部の再組織化投資 (たとえば情報システム投資、内部再組織化など)」に関する決定である。

かれらは、つぎに示されるような戦略的意思決定プロセスに影響をもたらす諸要因を明らかにするとともに、戦略的意思決定プロセスに関係するどのドメインがより重要であるか、各ドメインの中のどの要素が実際にさまざまなプロセスの次元に影響しているのかに関する論拠を提示しようと試みている。

戦略的意思決定プロセスに影響をもたらす諸要因として、大きくは①トップ・マネジメント、②戦略的意思決定の性質、③広範なコンテクスト、などが提示されている (図5-1参照)。

「トップ・マネジメント」には、CEO (最高経営責任者) の達成欲求、リスク傾向、勤続年数、教育水準などの要素と、トップ・マネジメント・チームの教育水準と積極性哲学などの要素が含まれる。「戦略的意思決定の性質」には、一般的特質としての衝撃度、脅威／危機、不確実性、頻度、圧力、計画 VS. アドホックなどの要素と、戦略的意思決定のタイプとしての新規事業、資本財への投資、マーケティングへの投資、内部再組織化への投資などの要素が含まれる。「広範なコンテクスト」には、外部コンテクストの異質性、ダイナミズムおよび敵対性などの要素と、内部コンテクストの企業内部特性 (計画の公式性等)、パフォーマンス (1. 総資産利益率、2. 利益の成長)、規模、企業統治／所有関係 (1. 国家所有、2. 民間ギリシャ企業、3. 多国籍企業の子会社) などの要素が含まれる。

Papadakis, *et al.* (1998) はさらに、戦略的意思決定プロセスの特質に以下の7つの次元を含めている (pp.142-144)。

①　包括性／合理性 (モデル1)

予定されている会議の範囲、主要な責任の割り当て、情報探索活動、外部ソースの体系的活用、かかわる従業員、専門的コンサルタントの活用、歴史的データ・レビューの年数、かかわる人々の職能上の専門知識、などにより測定。

図 5-1　Papadakis, *et al.*（1998）の戦略的意思決定プロセスに影響する諸要因

トップ・マネジメント	
CEO	トップ・マネジメント・チーム
・リスク傾向 ・教育 ・達成欲求 ・積極性	・教育のレベル ・積極性フィロソフィ

戦略的意思決定の性質	意思決定プロセスの特質
・一般的特質（たとえば） 　⇒衝撃度 　⇒脅威／危機 　⇒頻繁さ ・戦略的意思決定のタイプ（たとえば） 　⇒新規事業 　⇒資本財への投資 　⇒マーケティングへの投資	・包括性／合理性 ・財務報告 ・公式化 ・階層の分権化 ・水平的コミュニケーション ・政治化 ・問題解決における不一致

広範なコンテクスト	
外部コンテクスト	内部コンテクスト
・異質性 ・ダイナミズム ・敵対性	・企業内部特性（計画の公式性等） ・パフォーマンス（1. 総資産利益率、2. 利益の成長） ・企業統治／所有関係（1. 国家所有、2. 民間ギリシャ企業、 　3. 多国籍企業の子会社） ・規模

Papadakis, *et al.*（1998）、p.121 より修正引用

②　財務報告（モデル 2）

　純現在価値−内部収益率手法、見積もり財務諸表の包含、詳細なコスト研究、全社規模の財務計画への戦略的意思決定の組み入れ、などにより測定。

③　公式化（モデル 3)

文書化されているプロセスをガイドする手順が存在する程度、代替的な行動方法を明確にするための公式的な手順の存在、公式的なスクリーニング手順、最終的な意思決定へ導く公式的な文書、事前に決定された戦略的意思決定の評価基準、などにより測定。

④　階層の分権化（モデル4）

　オーナー−主要株主、CEO、最上級の取締役、ミドル・マネジメント、ロワー・マネジメント、などへの分権度を測定。

⑤　水平的コミュニケーション（モデル5）

　財務−会計、製造、マーケティング−販売、人事、購買などの部門の関与のバランスの程度を測定。

⑥　政治化（モデル6）

　連携形成の範囲、主要な関与者間での交渉の程度、外部の抵抗の程度、プロセス妨害の程度、などを測定。

⑦　問題解決における不一致（problem solving dissension：モデル7）

　意思決定の目的、続く特有の方法、問題への特有の解決などへの不合意の程度を測定。

　かれらは、以上のような戦略的意思決定プロセスの諸次元と、前述した戦略的意思決定プロセスに影響をもたらす諸要因（トップ・マネジメント、戦略的意思決定プロセスの特質、広範なコンテクスト）に含まれる諸要素との関係の分析結果について、以下のように示している。

　まずモデル1（包括性／合理性）は、戦略的意思決定の特質と内部コンテクストに影響を受け、環境とトップ・マネジメントなどの要因は重要でない。戦略的意思決定の特質のうち一般的特性の衝撃度および戦略的意思決定のタイプが最も重要であり、内部コンテクストにおける計画の公式性、パフォーマンス、規模、企業統治／所有関係などはとくに包括性に影響する。意思決定が重要な結果を示唆する場合、意思決定者はより包括的に合理的に行動するようである。内部コンテクストに関して、すべての次元が重要であるようである。公式計画システムはより合理的な意思決定に貢献するという規範を支持している。計画の公式性は戦略的意思決定の包括性に重要な貢献をする。

総資産利益率というパフォーマンスと包括性／合理性との間に正の関係が見出される。より高いパフォーマンスがより合理的な意思決定をするための資源を生み、合理的な意思決定がさらによいパフォーマンスを生むようである。規模は包括性の重要な説明変数である。企業統治と所有関係を測定するダミー変数は意思決定の包括性／合理性と重要な関係がある。多国籍企業の子会社をベンチマークとして用いれば、国家所有の企業はより合理的プロセスに従いギリシャの民間企業は合理性が低い。トップ・マネジメントの重要性は、積極性哲学がほんのわずか関連している以外みられず、環境との関連も見出せない。

　つぎに、モデル 2（財務報告）は、意思決定特性の特質および内部コンテクストのいくつかに影響される。具体的には、衝撃度と計画による戦略的意思決定、CEO の教育水準、総資産利益率などが正の関係にある。危機として認識された状況はより財務報告的な活動と関係がある。一般的特性の中の頻度と民間企業とは負の関係にあり、環境と規模は関係がない。

　つぎに、モデル 3（公式化）は、戦略的意思決定の特質のうち一般特性の中の不確実性と計画による戦略的意思決定（両方負の関係）、CEO のリスク性向（負の関係）、所有関係に影響を受ける。頻度や環境、計画の公式性、過去のパフォーマンス、規模などは重要でない。プロセスの公式性は公式計画システムから独立している。

　つぎにモデル 4（階層の分権化）・5（水平的コミュニケーション）に関して、戦略的意思決定プロセスが分権化されロワー・マネジメントが参加する程度は、意思決定の特質と CEO の在職期間、企業の収益性に依存する。水平的コミュニケーションの程度は、意思決定の特質、トップ・マネジメントの在職期間、組織内部の計画の公式性によって決定づけられる。両方のモデルに対してとくに、意思決定の特質のうち衝撃度が、続いて圧力、脅威／危機が強い影響をもつ。このうち圧力は負の関係にある。危機が分権化と関係するのは重要な情報源や専門性がミドル・マネジメントにあるためであると考えられるが、この調査では激しい危機が対象として含まれていない（激しい危機が集権化と関係があるかもしれない）。投資のタイプとの関係でいえば、すべての

ダミー変数が有意であり、内部の再組織化だけが相対的により集権化される。どのダミー変数も水平的コミュニケーションとは関係づけられない。トップ・マネジメントは2つの重要な変数である。CEOの在職期間は分権化と正の関係がある。トップ・マネジメント・チームの積極性哲学は水平的コミュニケーションと正の関係がある。企業環境は重要な変数ではない。総資産利益率は水平的コミュニケーションと正の関係がある。計画の公式性は水平的コミュニケーションと正の関係がある。企業統治は分権化と水平的コミュニケーション両方に影響しない。

　つぎに、モデル6（政治化）・7（問題解決における不一致）に関して、意思決定特質のうち不確実性と圧力、環境要因のうち異質性、内部コンテクストのうち計画の公式性、パフォーマンス、企業統治などに影響を受ける。両方とも、意思決定の特質のうち不確実性からより影響を受け、衝撃度や脅威／危機、圧力などには少ない影響を受ける。不確実性のもとでは、問題設定の最初の場面で観点の相違を生み、問題解決において政治活動の高まりを生む。圧力のかかる状況は参加者間の問題解決内紛に正の影響をもたらす。意思決定のタイプに関するすべてのダミー変数は負の係数をもつ。このことは、すべての投資は内部組織の戦略的意思決定よりも少ない内紛を引き起こすことを意味する。環境要因は政治化へ何ら重要な影響をもたないが、環境のうち異質性は、問題解決における不一致に負の関係をもつようである。計画システムの公式性は政治化に正の影響をもつ。経営者は、計画システムについて、個人的見解が伝達され政治的熱望が影響をもち政治活動が展開する手段として認識しているからである。政治化と内紛は両方とも利益の成長と正の関係がある。政治化と国家所有の統計上の正の関連は国家所有企業のコンテクストにおける内外の利害の多様性に起因するだろう。トップ・マネジメントの特性は一般的に両方に影響をもたらさない。

　以上、この研究では詳細な相関関係が示されているが、環境要因と組織要因、経営者の特性などよりも、戦略的意思決定の特質が強い影響を与えていると結論づけられていることは特筆に値するであろう。そこでは「意思決定の特質及び経営者、環境、組織などの要因を含む統合モデルが求められてい

る、…戦略的意思決定プロセスはそれら要因の相互作用によって形づけられる、…さらに環境、組織、経営者などの要因よりも、戦略的意思決定の一般的特質と、それが計画システムの原則を通じて現れるかどうかとが、より重要な影響をもつ」(Papadakis, *et al.* [1998] p.133) ことが明らかにされているのである。

　このように意思決定プロセスを決定づける先行要素において「戦略的意思決定の特質」という要素の重要性を指摘するということは、「意思決定の特質は経営者の解釈や認識から免れられないもので、それは戦略問題の意味やカテゴリー化を操作する経営者の関心の中にあるかもしれない」こと、さらに戦略的意思決定の特質を顕在化させる「情報のフィルタリングと意思決定の特質の操作は、それに続きマネジメント合理性、公式化、水平的コミュニケーション、内部の政治活動の範囲を統制することを可能にするかもしれない」(p.136) ことを意味するのである。

2. Rajagopalan, *et al.*（1997）の包括的モデル

　Rajagopalan, *et al.*（1997）は、多くの先行研究を考察し統合的なフレームワークを提示している（図5-2参照）。これらの先行研究において、合理的モデルから政治的／行動的モデルまで基本的な前提が異なった多様なモデルが考察されているが、戦略的意思決定プロセスに影響をもたらす諸要因に関しては明確な結論を引き出すことができるとしている。そこでは環境要因（environmental factors）、組織要因（organizational factors）、意思決定特殊要因（decision-specific factors）が影響をもたらすととらえられているのである。そして戦略的意思決定プロセスに対するこれらの要因の影響とともに、これらの要因間の関係、さらにはよりミクロな要因を含む関係について論じられている。

　具体的には、戦略的意思決定プロセスに関する先行研究について、Chaffee（1985）の戦略の線形（linear）、適応（adaptive）、解釈（interpretive）の３つのパースペクティブに依拠して分析を行い、環境要因、組織要因、および意思決定特殊要因などの先行要素と、意思決定プロセスの特質、成果などを包括する戦略的意思決定プロセスの包括的モデルを構築しようと試みている。線

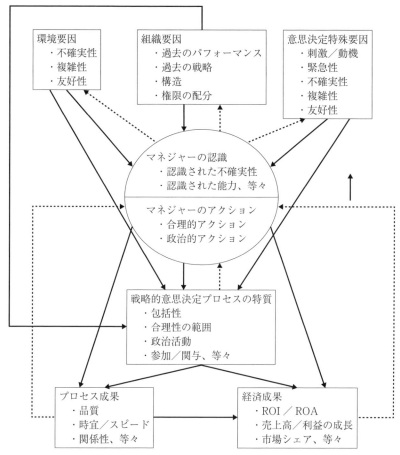

図 5-2　Rajagopalan, *et al.*（1997）の戦略的意思決定プロセスの
Multi-Theoretic（複数理論）モデル

Rajagopalan, *et al.*（1997）、p.231 より簡略化し引用

形パースペクティブでは経営者の認知やアクションをブラックボックスとみなし「環境-意思決定プロセス」の関係を、適応パースペクティブでは「環境-合理的・政治的行為（アクション）-意思決定プロセス」の関係を、解釈パースペクティブでは「環境-認知と解釈-意思決定プロセス」の関係を、それぞれ明らかにしようとしている。

　このうち解釈パースペクティブからみれば、「環境要因」や「組織要因」、

「意思決定の特質」などは、「経営者の認知（managerial cognition）」により「経営者のアクション（managerial actions）」に影響し、間接的にまた直接的に戦略的意思決定プロセスに影響するととらえられるということを指摘している。ここでいう経営者の認知は、環境、組織、意思決定関連などの要因に関する経営者の認識と解釈として定義され、経営者のアクションは合理的アクション（managerial actions）と政治的／権力的アクション（political / power actions）からなる（p.241）。

　合理的アクションは、情報の収集・分析、内外コンテクストの監視、多様な情報源活用、代替案の同時的検討、迅速な社内合意形成、意思決定のためのタスクフォースの形成、等々で、政治的／権力的アクションは、選択された代替案への内外の準備の形成、交渉、連携構築、主要な人員の再配置、等々である。

　このような観点から、かれらは諸要因と戦略的意思決定プロセスの関係に関する先行研究を以下のように分析している。

　線形パースペクティブにもとづけば、不確実性などの環境要因が戦略的意思決定プロセスの特質に直接影響し、そのフィットがさらに経済的成果に影響する。適応パースペクティブにもとづけば、経営者は情報収集と分析のような合理的アクションにより環境を理解し、交渉や合同構築のような政治活動によって環境に影響を及ぼそうとし、戦略的意思決定プロセスの成果は経済的のみならずプロセス関連の成果に影響する。解釈パースペクティブにもとづけば、同様の状況に直面した企業間で劇的に異なる経営者の認識と解釈を通じて環境が戦略的意思決定プロセスに影響するのである（pp.232-234）。つまり経営者がいかに環境を認知し、いかに相互作用するのかが重要なのである。

　組織要因と戦略的意思決定プロセスとの関係について、線形パースペクティブにもとづけば、構造、戦略、過去のパフォーマンスなどの組織要因が戦略的意思決定プロセスに影響し、それに適合することが高い経済的成果を生む。適応パースペクティブにもとづけば、組織要因は意思決定がなされる情報提供的の政治的コンテクストを明示し創造することとしてとらえられる。

解釈パースペクティブにもとづけば、組織要因は、マネジャーのアクション
に影響し、それゆえ内部コンテクストと、組織の全体的な意思決定能力に関
する判断により提示される不確実性に関するマネジャーの認知を形成するこ
とによって、戦略的意思決定プロセスに影響する。このようなマネジャーの
認知には、過去のパフォーマンスやトップ・マネジメント・チームの属性
（年齢、勤続年数、教育的職能的背景など）がまた影響する（pp.234-236）。

　意思決定特殊要因と戦略的意思決定プロセスの関係について、意思決定特
殊要因は主としてマネジャーの認知に影響し、同じ意思決定についてもそれ
ぞれのマネジャーがそれぞれに認識しうるという意味で、この要因自体、解
釈パースペクティブと関連する（pp.236-237）。

　マネジャーの認知およびマネジャーのアクションと戦略的意思決定プロセ
スとの関係について、マネジャーの認知やアクションは、線形パースペク
ティブにもとづけば「ブラックボックス」であるが、適応および解釈パース
ペクティブにもとづけば重要な役割をもつ。この役割において、マネジャー
の認知は内外のコンテクストをふるい分ける役割を果たし、それゆえ同じよ
うなコンテクスト条件に直面した企業間でも意思決定プロセスは劇的に異な
る可能性がある。またマネジャーは活動的に、内外の環境を監視し機会、脅
威、選択肢、さまざまなアクションのコースの起こりうる結果などを明確化
するために、情報を収集・分析する。これらの合理的アクションによって不
確実性や複雑性を管理し、選択された戦略代替案へ向けた組織および環境の
準備を、交渉や連携などの政治／権力アクションを通じて形成する。これら
によってマネジャーの認知とアクションは意思決定プロセスの特質に影響す
る。マネジャーの認知とアクションの役割はさらに、マネジャーがプロセス
の特質の展開から学習するにつれ戦略的意思決定プロセス間で継続的に再形
成されるということである。この学習のリンクはなぜある組織が他よりうま
く迅速に戦略的意思決定を行うのかを説明するのに役立つのである（pp.237-
238）。

　戦略的意思決定プロセスと成果（成果のタイプには経済的成果とプロセスの結果
とがあり、それらは相互作用している）の関係について、線形パースペクティブ

にもとづけば、収益性、売上高の成長、市場シェアなどの経済的成果に焦点を当てており、適応パースペクティブにもとづけば、経済的成果だけでなく、意思決定へのコミットメント、プロセスによる満足、意思決定の質などのプロセス関連の成果を含み、解釈パースペクティブにもとづけば、新しい因果マップ（new causal maps）や解釈スキーム（interpretative scheme）へと導くマネジャー（および組織）の認知の継続的な変化を含む。これらの変化は、しばしば「組織学習」を意味し、そして組織の将来の適応能力に影響する重要なプロセス成果である。マネジャーがプロセス関連の成果に有利に影響すべく、いかに戦略的意思決定プロセスに効果的に介入しうるのかという問題がある（pp.238-239）。かれらは、これらの諸要因と戦略的意思決定プロセスの関係について、より多様でミクロな変数を取り入れる必要性を示唆している（pp.240-242）。

第3節　統合的および包括的モデルの検討

1.　統合的および包括的モデルの評価

　前節でみた統合的および包括的モデルは、それまでの上述した各パースペクティブにおける研究成果を、戦略的意思決定プロセスを特徴づける先行要因の抽出、およびそれらのよりミクロなレベルまでの拡張、さらには諸要因間の相互作用の検討という形で発展させようとしているととらえられる。そしてこの統合的および包括的モデル研究では、とくに環境要因と組織要因、マネジャーの特性などよりも、戦略的意思決定の特質が強い影響を与えていることや、多様な要因の相互作用によって戦略的意思決定プロセスは形づけられるということが明らかにされている。さらにそれらを前提とするならば、意思決定の特質はマネジャーの解釈や認識から免れられないためその分析が重要であり、また意思決定者がプロセス関連の成果に有利に影響するためにいかに戦略的意思決定プロセスに効果的に介入しうるのかという問題を提起しているのである。

しかしこれらの研究が指摘しているように、多様な諸要因のよりミクロな要素があることも指摘されなければならない。たとえば業績評価および報酬システム、キャリアパス、採用方針、等々の経営システムや、トップ・マネジメントの素養や資質、統合メカニズムとしての階層、目標、接触、部門、統合者、等々、多様なものがあると考えられるのである。さらにたとえば、包括性、参加、権限の委譲などにより戦略的意思決定プロセスの特質を説明するが、どの範囲まで包括的に（たとえば）情報を収集するのか、より具体的にどの範囲の参加を行うのか、誰にどの決定を委譲するのか、などの実践的な側面については説明されていないのである。

2. 戦略的意思決定プロセス研究における戦略的選択の視点

　これまで検討した統合的および包括的モデル研究の示唆することは、Child が提示した「戦略的選択」の問題と密接な関係がある。

　Child（1972）は、「組織と環境の分析は組織の意思決定者による選択の行使を認識しなければならない」（p.10）とし、「戦略的選択の役割」を重視し、「組織の構造的合理性を決定するパワーを保持する人々、オペレーショナルなコンテクストによって影響を受けることの限界、組織戦略を決定する際の価値に対する制約と機会を評価する過程」（p.13）を考察することの必要性について論じている（ここでパワーを保持する人は支配的な連合［dominant coalition］であるが、これは必ずしも組織内での公式的な権威の保持者たちとは限らず、また組織の他のメンバーが策定された計画や意思決定を修正するパワーをもたないことを示唆するものではない）。

　このように Child はコンティンジェンシー理論における構造決定論的見解を批判的にとらえ、環境条件ではなく、戦略的選択が組織構造の変種（variation）に直接的な影響を及ぼすと述べている。つまり支配的な連携による戦略的決定は、資源提供者に何が期待されているのか、環境のトレンドは何か、組織の現在のパフォーマンスはどうか、現在の内的コンフィギュレーションの適応性はどうか、等々に関する評価が最初のステップであり、この評価から目的や目標の選択が導かれ、そして決定される「戦略的アクション」に影

響を及ぼす。

　ここでいう戦略的アクションとは、外部変数とのかかわりでみれば、望ましれる需要や対応に努め安定的にするために活動する市場や領域に退出あるいは参入する動きである。内部変数とのかかわりでみれば、内的に一貫性がありかつ計画されたオペレーションの規模や性質と一致する人員や技術、構造上の配置（arrangement）などのコンフィギュレーションを構築することである。このように戦略的選択とは構造上の配置と組織デザインの探索を含むものである。このことからさらに、同様の環境において多様な組織的対応がありうるという議論が展開されている（本章でみた Child［1972］とともに、Miles & Snow［1978］や Anderson & Paine［1975］も同様の見解を示している）。いわゆる「等結果性」の問題が指摘されているのである。

　以上のように、環境や多様な組織構造に関する意思決定者による多様な戦略的選択の幅があるとするならば、組織構造よりも一般的にみて公式度が低いと考えられる戦略的意思決定プロセスにはより柔軟で広い選択の幅があるということが推測される。つまり意思決定者の認識や洞察により戦略的意思決定プロセスを選択あるいは設計するという考え方が生起するのである。

　このように意思決定者の認識や洞察にもとづく戦略的選択という問題を取り上げるなら、本章ですでに指摘した意思決定者の解釈による問題設定、いいかえれば、意思決定特殊要因に関する見解や、環境要因を客観的にとらえるよりも意思決定者に認識・知覚された主観的なものととらえる見解を同様に重視する必要が出てくる。つまりこのような意思決定特殊要因（決定すべき問題の質のこと）と戦略的意思決定プロセスとの関係の検討という課題が生じるのであり、このような課題に関する研究は以下に述べるようにすでに展開されているところである。

　Hickson, *et al.*（1986）によれば、「…意思決定プロセスは意思決定に関する内容に対する問題と利害への対応、つまり複雑性と政治性への対応である」（p.96）。ここでいう複雑性とは、まれさ（rarity）・および重大性（consequentiality）、先行性（precursiveness）、関与（involvements）などを含み、複雑性のレベルは意思決定者がかかわる意思決定問題の質を記述したものであり、こ

のような複雑性が強める利害の内容物は目的追求における影響力の行使に対する機会である。このような利害があるがゆえに組織において戦略的意思決定に影響力を及ぼすための政治性が生まれる。ここでいう政治性とは、意思決定プロセスを通じて結果に影響をもたらす程度のことであり、内部と外部から発生しうるものであり、その起源は分裂（cleavage）である。

Hickson, *et al.* は、これらの内容をもつ対象として組織における「決定すべきトピック（たとえば、製品、人事、再組織化、立地等々）」をあげている。そして「もし戦略的意思決定のプロセスが一つの意思における問題と利害に対処するための経営者や管理者の試みから生じるならば、プロセスは問題と利害が変化するにつれ意思決定ごとに異なったものでなければならない」(p.97)として、このような戦略的意思決定プロセスについて、精査（専門家、外部、努力）、相互作用（フォーマル、インフォーマル、交渉の範囲）、フロー（分裂、妨害）、期間（懐胎時間、プロセス時間）、権威（階層のレベル）などの変数にもとづき、散発的（sporadic）プロセス、流動的（fluid）プロセス、制約的（constricted）プロセスという3つのプロセスを提示している。

散発的プロセスの特徴は（pp.117-119）、あらゆる種類の妨害のために、報告を用意することから抵抗に遭うまで分裂的な遅れをもつことである。入ってくる情報の質は不均質である。なぜなら信頼性が安定しておらず、また広い範囲の情報源からやってくるからである。多くのインフォーマルなコンタクトの間に相当の交渉の範囲があり、意思決定にはより長い時間がかかり実際には最高レベルでなされる。つまり、より高度な妨害、より高度な分裂、より多くの専門家の情報源、より多くのインフォーマルな相互作用、かなりの交渉、より長い時間、より高いレベルの最終的権威、などの特徴をもつ。この「意思決定プロセスの散発的タイプはインフォーマルで断絶的であり長引くものである」(p.118)。

流動的プロセスの特徴は（pp.119-121）、より少ない分裂、より少ない妨害、信頼のあるより少ない専門家の情報源、よりフォーマルな会議とそこでの相当の交渉、短い時間、高いレベルでの権威などである。つまりこの「意思決定プロセスの流動的タイプは、安定したペースでフォーマルなチャネルで迅

速になされるものである」（p.120）。

　制約的プロセスの特徴は（pp.121-124）、散発的プロセスのように、遅れが
あり多くの情報源や見解のために多くの情報を活用し、そしてそれほど会議
中心ではない。しかし散発的プロセスに比べ、交渉の範囲は狭く、最高レベ
ルよりは低いレベル（チーフエグゼクティブやそれに相当するレベル）で意思決定
がなされる。つまりこの「意思決定プロセスの制約的タイプは狭いチャネル
のものである」（p.122）。これらのプロセスはさらに断続（discontinuity）と分
散（dispersion）という次元から説明されている。散発的プロセスはより断続
的で分散的であり、流動的プロセスは継続的で分散的であり、制約的プロセ
スは継続的で非分散的である。これらの各プロセスと、複雑性と政治性とい
う性質をもつトピック（「製品」、「人事」、「再組織化」、「境界：買収と合併」、「立地：
本部や工場」、「投入：資金あるいは物資」、「技術：設備と建物」、「ドメイン：市場とオペ
レーションの領域」、「コントロール：計画、予算、データ加工」、「サービス」）との関
係は以下のようになる（pp.161-163）。

　製品についての意思決定は、重大で新規のものなら複雑で政治的であるた
め、数年にわたり散発的プロセスでなされ、繰り返し実践されて新製品のよ
うに精通しているものなら制約的プロセスによってなされる。ここでは流動
的プロセスでの意思決定はなされない。

　人事についての意思決定は、比較的短期間であり単なる限定された利害を
意味しているので、制約的プロセスにより行われ、流動的プロセスでは行わ
れない。しかし、影響力のあるところからの妨害に遭うなら散発的プロセス
によって行われる。

　再組織化についての意思決定は、漠然とした広い結果をともなう知られざ
ることへの前例のないステップであり、注意し、ためらいながらアプローチ
される。根拠が事前の数年間に用意され、そのために人々が何が起きるのか
知っている場合、意思決定は最高レベルで流動的プロセスを通じて行われる。
しかし内外の利害が複雑であるなら、長引く散発的プロセスにおいて高い圧
力のある論争的なプロセスを通じた決定がなされる。通常のチャネルに適し
ていないので制約的プロセスは活用されない。

境界について、つまり他組織との合併や買収についての意思決定は複雑というよりも政治的であり、影響力のある外部の利害関係者との論争を行うエリートの中の一人のエリートが、比較的短い間であるが、きわだって散発的プロセスを通じて決定を行う。より標準的な規模の買収（takeover）にかかわるわかりやすい意思決定は流動的プロセスを通じてなされる。

　立地についての意思決定は、再組織化と同様に前例のないステップであり、多くの内部利害関係者と多少の外部利害関係者からの影響によりまれにしか起きず、例外的に重大で戦略的な高い圧力を受けるので散発的プロセスによりなされる。現状のままにするならばプロセスは異論が出る前に短縮され流動的プロセスで行われる。投入についての意思決定は、政治的ではなく重要でもないので散発的プロセスを喚起せず、金融的投入の場合は扱いやすく妨害もほとんどないので流動的プロセスにより迅速に行われ、物資の投入の場合は使い慣れた制約的なチャネルによりなされる。

　技術についての意思決定は、複雑な内外の利害がある製品と同様であるが、非常に複雑でもなければ非常に政治的でもないので、まずまず複雑で政治的ならば散発的プロセスで、それより弱ければ流動的プロセスで、より精通しているなら制約的プロセスで、それぞれなされる。計画や予算に関する決定はインクリメンタリズムの典型であり、とくに計画は、シリアスですべての部分から影響を受けるとみなされるが、変化は単に限定的である。計画が革新的であることはまれなので、計画を決定するということは散発的プロセスではなく流動的プロセスと制約的プロセスでなされるということである。予算も同様であるが、そこでは政治的に異論が発生しうるので、その場合散発的プロセスでなされる。計画と予算をサポートできるデータ加工システムに関する決定はその問題しだいで３つのタイプのどれかに従う。

　サービスについての意思決定は、製品についての意思決定とまったく逆で、かなり少ない利害が含まれるので、複雑さと政治性はより少なく、通常は新規であるが重要ではないのではないがゆえに、中断することも少なくより短い流動的プロセスに従う。

　以上のような意思決定プロセスのモデルは図5-3のように示される。

図 5-3　Hickson, *et al.*（1986）による意思決定のモデル

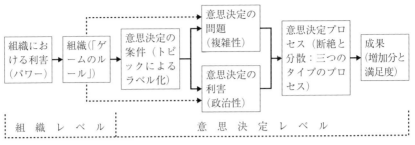

Hickson, *et al.*（1986）、p.166 より引用

　つぎに、Chakravarthy & White（2002）は、戦略成果（strategy outcome）として企業が追求する戦略ダイナミック（改善化／模倣化：improving / imitating、移動化：migrating、強化：consolidating、革新化：innovating などがある）と戦略的意思決定プロセスのあり方との関係について論じている。「改善化／模倣化」とは、企業が戦略フロンティアではない場合、ベンチマークなどにより戦略フロンティアへ向かって前進することであり、「移動化」とは現在のフロンティアの地位を変えること（たとえば、差別化からコストリーダーシップへ）であり、「強化」とは競争業者の管理や漸進的改善により地位を強めたり維持することであり、「革新化」とはベストプラクティスを超え戦略フロンティアを先へ進めることを意味する。革新化と移動化は残り二者に比べ、よりリスキーなダイナミクスであり、強化は安定的な状態に、残り三者は変化にかかわる。

　ここでは、「意思決定に参加する特性タイプととられるアクションは追求される一般的戦略により変化するだろう」（p.187）として意思決定プロセスと追求される戦略との関係について示唆されている。そして求められる戦略成果が革新化や移動化である場合、多くの自由裁量を必要とし、本質的にプロセスはボトムアップになり、改善化／模倣化や強化が求められる場合、プロセスはトップダウンになると述べている。この見解と同様の内容として、新しい事業領域に関する戦略決定プロセスはボトムアップで、既存の事業領域内での新製品開発などの戦略決定プロセスはトップダウンであるとする

114

Burgelman（1983, 2002）の見解がある。

　このような議論から一つの組織においても多様な戦略的意思決定プロセスを採用していることが理解でき、それゆえ目的を形成し問題を把握する意思決定者の洞察力と、それに応じたプロセスをいかに柔軟に構築するかが重要な研究課題であると考える。

小　　括

　本章では、戦略的意思決定プロセスと関連する重要なコンティンジェンシー要因として何を重視するかに従い分類された意思決定パースペクティブ、戦略的あるいは経営者選択パースペクティブ、企業の特殊性と資源有用性パースペクティブ、環境決定論パースペクティブなどのパースペクティブおよびそれらの限界を検討し、各パースペクティブを統合あるいは包括しようとする研究について考察した。

　統合的および包括的モデル研究では、とくに環境要因と組織要因、マネジャーの特性などよりも、戦略的意思決定の特質が強い影響を与えていることや、多様な要因の相互作用によって戦略的意思決定プロセスは形づけられるということが明らかにされている。それらを前提とするならば、意思決定の特質はマネジャーの解釈や認識から免れられないため、その分析が重要であり、また意思決定者がプロセス関連の成果に有利に影響するため、いかに戦略的意思決定プロセスに効果的に介入しうるのかという問題が提起されているととらえられる。

　このように本章では、意思決定特殊要因や戦略志向にもとづく戦略的意思決定プロセスの選択に関連する諸研究を考察し、「戦略的選択」の問題と関連することを指摘しつつ、意思決定者の解釈や認識などの洞察力の問題とそれらとの関連でいかに意思決定プロセスを選択・設計するかの問題が重要な課題であることを明らかにした。

第6章

戦略的意思決定プロセスの構成

はじめに

　本章では、ここまでの先行研究の考察をふまえ、戦略的意思決定プロセス研究における戦略的意思決定の定義と対象、戦略的意思決定プロセスの構成要素、戦略的意思決定プロセスの分類基準などを概観しこれらの研究における諸概念を提示する。また戦略的意思決定プロセスの諸ステージおよびその複雑性、さらにそれらの相互作用を明らかにする。

　第1節では、戦略的意思決定プロセスを「非構造化された（unstructured）」プロセスとしてとらえている Mintzberg, *et al.*（1976）の見解を中心に、戦略的意思決定のいくつかの定義と全体的な戦略的意思決定対象領域について明らかにする。また具体的な構成要素として、環境要因、組織要因、意思決定特殊要因、経営者の認知とアクション、戦略的意思決定プロセスの特質、プロセス成果、経済的成果、等々を考察する。そしてこれらを通じて、戦略的意思決定プロセスの特質を定義づける諸変数について明らかにする。

　第2節では、戦略的意思決定プロセスの諸ステージについて、Simon（1997）によって示された情報活動、設計活動、選択活動、再検討活動など4つの局面から始め、Hofer & Schendel が示した規範的な諸ステージに関する見解および、非構造化されたプロセスとして戦略的意思決定プロセスをとらえた Mintzberg, *et al.* や戦略的意思決定プロセスを「社会的相互作用のプロセス」ととらえ、問題の診断や解決案の創出よりも、組織の多様な部分から発生する問題や解決案が意思決定を行うためにどのように結合しているのかについて示した Langley, *et al.* や Burgelman 等々の諸見解について考察する。

　第3節では、ここまでの考察にもとづき、戦略的意思決定プロセスの基本

構成要素として、「意思決定者の洞察力」、「意思決定者のアクション」および「制度化されたプロセス」を抽出する。

第1節　戦略的意思決定プロセスの諸概念

1. 戦略的意思決定の対象と戦略的意思決定プロセスの定義

　戦略的意思決定の対象について、Mintzberg, et al. (1976) は、新市場・製品・サービスへ向けての新しい施設、工場あるいはベンチャーなどに関する決定であるとしている。たとえば、航空会社の新ジェット機購入、ラジオ放送局のスターアナウンサー解雇、コンサルティング会社の主要顧客喪失後の合併交渉、病院の激しい政治活動の後の新しい形式の治療の実施などにかかわった意思決定が研究の対象として取り上げられている (p.250)。すでに述べたように、Hickson, et al. (1986) や Papadakis, et al. (1998) は、戦略的意思決定を、企業のドメインや決められたドメイン間での資源の配分にかかわるものであり、組織の存続や成長にかかわる長期的で重要な決定であるととらえている。

　Mintzberg, et al. (1976) は、戦略的意思決定プロセスを「非構造化された (unstructured)」プロセスととらえて、このようにとらえることは、「戦略的意思決定プロセスが、新規性、複雑性、変更可能性 (open-endedness) によって特徴づけられることを示唆している。組織が通常直面する意思決定状況やその解決へのルートについてほとんど理解せず、またどんな解決があるのかやいかにそれが評価されるのかについて単にあいまいなアイデアしかもたずに、意思決定を開始するという事実によるものである」(p.250)。そしてこのプロセスでは、「かなりの期間にわたる多くの難しいステップや多数のダイナミックな要因を含む時々起こる非連続的なプロセスを通じた模索によってのみ、最終選択が行われるのである。このことは、たとえ結果ではなくても代替案が与えられるという…不確実性の下での意思決定ではなく、ほとんど何も与えられず簡単には規定できないあいまい性の下での意思決定である」

ことを示している（pp.250-251）。

Rajagopalan, *et al.*（1997）によれば、「戦略的意思決定プロセスは、戦略的決定に帰す組織内での一連の事柄のパターンとして定義され」、この定義のカギは、「どんな方法で、どれぐらいの間、どんなインパクトや結果を伴って、誰が／何がかかわるのかに関する記述を含む事象の明確化である」（p.244）。

2. 戦略的意思決定プロセスの構成要素

第5章で考察した戦略的意思決定プロセスにおける包括的モデルは基本的に、これまでの戦略的意思決定プロセス研究において示されてきた多くの構成要素についてほぼ網羅されているととらえることができるであろう。以下では、包括モデルにおいて示された構成要素について簡単に再度示しておく。

Rajagopalan, *et al.*（1997）において、環境要因：不確実性、複雑性、友好性、組織要因：過去のパフォーマンス、過去の戦略、構造、権限の配分、意思決定特殊要因：刺激／動機、緊急性、不確実性、複雑性、友好性、マネジャーの認識とアクション：認識（認識された不確実性、認識された能力等）、アクション（合理的アクション、政治的アクション）、戦略的意思決定プロセスの特質：包括性、合理性の範囲、政治活動、参加／関与、等々、プロセス成果：品質、時宜／スピード、関係性、等々、経済的成果：ROI ／ ROA、売上高／利益の成長、市場シェア、等々、が構成要素として位置づけられている（第5章の図5-2参照）。

Papadakis, *et al.*（1998）によってもまた、戦略的意思決定プロセスに影響をもたらす諸要因として、大きくは①トップ・マネジメント、②戦略的意思決定プロセスの特質、③広範なコンテクスト、などが提示され、それぞれの具体的な構成要素が考察されている（第5章参照）。

3. 戦略的意思決定プロセスの分類基準および諸変数

すでに述べたように多様な戦略的意思決定プロセスのモデルが提示されてきているが、これらの諸モデルにおいて、戦略的意思決定プロセスの特質を

把握するために、どのような分類基準が用いられるかについて概観すること
とする。

　Mintzberg（1973）は、企業家型、適応型、計画型という３つのプロセスを、
意思決定のモチベーション、組織目標の内容、評価方法、選択主体、計画期
間、選好される環境、意思決定の結びつき、柔軟度、動向のサイズ、方向性
のビジョン、権力の源泉、組織の目標、組織環境、組織の地位、などのよう
な諸特性にもとづき分類している。Fredrickson（1983）は、シノプティック
とインクリメンタルという２つの戦略的意思決定プロセスを、開始へのモチ
ベーション、目標のコンセプト、手段（代替案）と目的（目標）の関係、選択
のコンセプト、分析上の包括性、統合的包括性などの相違から類型化してい
る。Hart（1992）は、コマンド、シンボリック、ラーショナル、トランザク
ティブ、ジェネレイティブというプロセスについて、スタイル、トップ・マ
ネジメントの役割、組織メンバーの役割などにもとづき、類型化している。

　Shrivastava & Grant（1985）は、表6-1のような分類基準にもとづいたモ
デルを提示している。

　以上、多様な分類の基準についてみたが、つぎに戦略的意思決定プロセス
の特質を計画型と創発型に分類する際の基準についてみていく。これらは基
本的に、公式性や包括性、統合の度合いなどによって分類されている。

　Fredrickson（1984）は、包括性について、状況診断、代替案の生成、代替

表 6-1　Shrivastava & Grant（1985）の戦略的意思決定プロセスの分類基準

モデルの特性	マネジリアルオートクラシーモデル	システミックビューロクラシーモデル	アダプティブプランニングモデル	ポリティカルイクスペディエンシーモデル
意思決定プロセス	制限された数の生成された p-s セット＊	組織のさまざまな場所で生成された p-s セットの拡散		
問題への精通	開始から一つの p-s セットの明白な優位	p-s セットの普及と伝達の手順が十分開発されている	問題への精通はほとんどない	多様な p-s セットが生成されるが、一つのセットが権限をもつ利害グループによって支持される

解決策開発	限定的な参加 一人のキー管理者が自身の協力者から支援を受けて開発	解決策開発は手順が事前に明確化されている	変化する状況に順応するために解決策開発は計画の修正を展開する	個人や権限のある利害関係者によって影響される
意思決定者（人数）	通常一人	いくつかのグループ	通常 MIS／DP 部門の構成員からなる一つのグループ	諸個人あるいは単独個人の連携
階層レベル	トップ・マネジメント	ミドルとトップ・マネジメント いくつかの部門あるいは職能分野を含む	ミドルあるいはトップ・マネジメント 通常データ加工専門家を含む	トップ・マネジメント
意思決定	効果の改善	手順の合理性の満足化	計画の遂行	権限のある利害関係者の満足化
志向／モチベーション	結果志向のプロセス	プロセスは組織上の手順を遂行するよう思考	意思決定に関して実行が強調される	意思決定プロセスは求められた意思決定に合致するよう操作される
分析のタイプ	判断あるいは直感	主としてコンピュータの費用-効果分析が強調される	コンピュータの技術分析と実行計画が強調される	メンバー間の交渉と折衝 なされた分析は組織がなにを妥当なものとして受け入れたかに依存する
管理者と学習システムの役割	ほとんど管理システムは活用されない、意思決定は高度に個人的である	各活動は何らかの学習システムによってガイドされる（通常官僚的なシステム）	多くのタイプの公式の学習システムが活用される 戦略計画システムや MIS が中心的な役割を担う	学習システムは回避され、個別メンバーの個人的な知識が広範に活用される
意思決定における環境の影響	環境エージェンシーとの制限されたコミュニケーション 管理者のコントロールにおいて諸変数に関して問題を明確化するために受け入れられる	環境の影響が問題を形成し解決策の開発に積極的役割を果たす	環境エージェンシーとのオープンな折衝	環境エージェントは連携をとりつけるために加えられる

＊p-s セット（問題：problem-解決：solution セット）
Shrivastava & Grant（1985）、p.104 より引用

案の評価、意思決定の統合などのステップごとにつぎのような指標によって把握している。付与されている責任、外部での情報探索、主要な方法、参加するメンバーの数、直接の現金支出の額、参加者の専門性の範囲、外部情報活用の範囲、考察される問題原因の範囲、分析技術活用の範囲、重要であると考えられる要因の範囲、考察される解決の範囲、代替案生成のための技術の活用の範囲、代替案削減に活用する要因の範囲、予測が計画される年数、評価基準の範囲、準備される報告や要約の範囲、実施される分析の範囲、影響する部門や分野の関与、統合技術活用の範囲、該当する他の意思決定と統合される意思決定の範囲、等々にもとづき分類している。

つぎに Papadakis, *et al.* (1998) は、意思決定プロセスの特性モデルを包括性／合理性、財務報告、公式化、階層の分権化、水平的コミュニケーション、政治化、問題解決における不一致などのような次元にもとづき把握している（具体的には第5章参照のこと）。

第2節　戦略的意思決定プロセスにおける社会的相互作用

1. 戦略的意思決定プロセスの諸ステージ

Simon (1977) によれば、意思決定は情報活動（意思決定が必要となる条件を見極めるための環境の探索）、設計活動（可能な行為の代替案を発見し開発し分析すること）、選択活動（利用可能な代替案のうちからある特定のものを選択すること）、再検討活動（過去の選択を再検討すること）の4つの局面からなる（pp.40-41、訳55-56ページ）。さらに『経営行動』(1997) において、「意思決定過程をアジェンダ設定、問題の表現、代替的選択肢の発見、代替的選択肢の選択といった副次的過程に分割」(p.127、訳198ページ) している。

第1章で述べたように Hofer & Schendel (1978) によれば、戦略的意思決定プロセスは以下のような7つのプロセスを含む。戦略の識別、環境分析、資源分析、ギャップ分析、戦略代替案、戦略評価、戦略選択である。さらにこのプロセスには実行のステージからのフィードバックと各ステージ間での

フィードバックを含む。このようなモデルはいうまでもなく規範論であり、実際の戦略的意思決定プロセスの記述によって以下のようなより複雑なプロセスが明らかにされている。

　Langley（1991）によれば、決定プロセスの諸ステージに関する見解は、「概念的に明確に構造化され戦略的意思決定プロセスの性質について何らかの価値ある洞察を含むが、意思決定の実質的な情報的局面にほとんど排他的に焦点を当てており、社会的相互作用の局面には注意を払っていない」（p.84）のである。そしてこれらの研究が、「問題の識別のステージから最終選択のステージまで連続的に収斂する限定された合理的プロセスとして意思決定をとらえている」（Langley, et al.［1995］、p.262）一方で、意思決定プロセスを「社会的相互作用のプロセス」としてとらえる研究として March & Olsen（1976）の「ゴミ箱」モデルや Allison（1971）や Pettigrew（1973）の「政治プロセス」モデルをはじめ多様な研究がある。前者が問題の識別や診断、解決案の生成などのための活動に注目する一方で、後者は意思決定を行うために組織のさまざまな部分から発生する問題や解が結合する様に注目する。後者の研究におけるゴミ箱モデルは諸部分の関連性があいまいで問題や解、参加者、選択機会などの流れの産物として意思決定をとらえ、政治プロセスモデルはそれぞれ独立しゆるやかに結びついた個人ならびに部署がバーゲニング（交渉・取引・折衝）や連携、説得などを通じて独自の利益を助長するプロセスとして意思決定をとらえている。

　前章でみたように、戦略的意思決定プロセスのあり方を決定づける諸要因に関する研究がなされ、その包括モデルの分析プロセスにおいて、戦略的意思決定プロセスにかかわる諸要素が明らかにされた。たとえば Papadakis, et al.（1998）は、意思決定の特質、トップ・マネジメント、環境、組織、などの諸要因間および諸要因内のミクロ要因間の相互作用によって、戦略的意思決定プロセスは構築されるとしている。以下では、戦略的意思決定プロセスを社会的相互作用のプロセスととらえている諸研究について詳細に考察を行う。

2. 戦略的意思決定プロセスにおける社会的相互作用

(1) Mintzberg, *et al.* (1976) の「非構造化された戦略的意思決定プロセス」

　Langley, *et al.* (1995) によれば、連続するステージを通じたプロセスと社会的相互作用のプロセスとを結合させる研究として Mintzberg, *et al.* (1976) の研究を位置づけることができる。Mintzberg, *et al.* は、25 の戦略的意思決定を調査し、識別 (identification) フェーズ、開発 (development) フェーズ、選択 (selection) フェーズからなる 3 つの主要なフェーズと、そこに含まれるサポート・ルーティンのセットを明らかにし、「ダイナミックな要因」による社会的相互作用のプロセスについて記述している。

　識別フェーズは (pp.252-254)、機会、問題、そして危機が認識され意思決定活動を喚起する意思決定認識 (decision recognition) ルーティンと、経営者が刺激の喚起を包括することを求め意思決定状況に対して因果関係を決定する診断 (diagnosis) ルーティンからなる。問題、機会、危機に関する意思決定は認識ルーティンの中で最も明確に識別され、機会に関する意思決定はしばしば一つのアイデアによって喚起され、危機に関する意思決定は単一の刺激によって引き起こされ、問題に関する意思決定は多様な刺激を必要とする。認識ルーティンに続くステップは、既存の情報チャネルを活用することと問題を明確にするため新しいチャネルを開くことであり、これが診断ルーティンにおける最初のステップである。

　開発フェーズ (pp.255-256) は、問題あるいは危機に対して一つ以上の解決を開発することもしくは機会の精緻化へと導く一連の活動であり、これは最も多くの意思決定のための資源が費やされている意思決定プロセスの中心である。このフェーズは探索 (search) ルーティンとデザイン (design) ルーティンがあり、前者はすでにある解決手法 (ready-made solutions) を見つけるために喚起され、後者は問題に応じた解決手法 (custom-made solutions) を開発するためにあるいはすでにある解決手法を修正するために活用される。探索ルーティンには、記憶 (memory) 探索、受身 (passive) 探索、トラップ (trap) 探索、積極 (active) 探索の 4 つのタイプがある。記憶探索は組織の既存の記

憶、人間もしくは文書のスキャニングのことであり、受身探索は要求していない代替案が現れるのを待つことであり、トラップ探索は代替案を生む「探索を発生させる者」の始動のことであり、積極探索は代替案を直接探し出すことである。探索は通常、身近なことに対してやすでにある解決手法を用いて始まり、それらが繰り返して失敗する場合、問題に応じた解決手法を設計する。デザイン・ルーティンは、問題に応じた解決手法をともなうものと修正された解決手法をともなうものの2つがある。ここではすでにある解決手法の代替案は狭められ、つぎに特別に応用してそれらを修正するためにデザインが用いられる。すでにある解決手法を用いる場合、多くの代替案から選択が行われるが、問題に応じた解決手法は手探りで徐々にデザインされていき、通常一つの十分に開発された解決手法が選択される。

　選択フェーズ（pp.256-260）は、論理的には意思決定の最終ステップであると考えられる。しかしながら開発フェーズは、一つの意思決定を、少なくとも一つの選択ステップをそれぞれが必要とする一連の下位意思決定に分解することをともなうので、一つの意思決定プロセスは非常に多くの選択ステップをともなっているだろう。これらの多くは開発フェーズと複雑に絡み合っている。規範的な文献では、選択フェーズに選択の基準の決定、この基準に関する代替案の結果の評価、選択という3つのルーティンがあるとしているが、現実にはこれらのルーティンはまれであり、スクリーン（screen）、評価-選別（evaluation-choice）、権威化（authorization）などが適切である。選択フェーズは典型的には、代替案を徐々に深めていく調査を含む多様な場面をもつ反復のプロセスである。選択フェーズの3つのルーティンには、単一の選別に連続的に適用されるパターンと、単一の選択ステップそれ自体が多様な場面をもつあるいは組み合わされるパターンとがある。前者のパターンでは、スクリーンは、多くのすでにある代替案をいくつかの実行可能なものへと削減するために用いられ、評価-選別は、つぎに実行可能な代替案を調査し行動のコースを選択するために用いられ、最後に権威化は、組織階層のより高いレベルで選別された活動のコースを裁可するために用いられる。後者のパターンでは、代替案は一般的な方法で評価され、つぎに続くより強力な方法

で評価されるか、もしくは一つの選別は、組織において連続的により高いレベルで権威化を受ける。スクリーン・ルーティンは、以前使われなかった代替案の適切性に挑戦し、また用いられる代替案の数を減らす。評価-選別ルーティンには、判断（judgment）、交渉（bargaining）、分析（analysis）という3つのモードがある。判断は、一個人が説明しないか、おそらく説明できない手順で行う心の中での選別である。交渉は、それぞれ判断をする際にコンフリクトをともなう目標システムをもつ意思決定者グループによってなされる選択である。分析は、判断あるいは交渉による管理者の選別によって導かれて、一般的に専門家によって実行される実際の評価である。権威化ルーティンは、選別を行う個人が組織を活動のコースへコミットさせる権威をもたないときになされ、典型的には最終の評価-選別の後に完全なる解決のために必要とされるが、開発のはじめもしくは途中でも必要とされる。それらは全体の解決の受け入れと却下の二元的なプロセスである。

　ダイナミックな要因（p.263）には、環境諸力に起因する「中断（interrupts）」、意思決定者により影響を受ける「スケジュールの遅れ（scheduling delays）」、「タイミングの遅れとスピードアップ（timing delays and speedups）」、意思決定自体に付随する「フィードバックの遅れ（feedback delays）」、「包括サイクル（comprehension cycles）」、「失敗のリサイクル（failure recycles）」などの6つの要因があり、さまざまな形で戦略的意思決定プロセスに影響を及ぼす。

　中断は、予期されなかった制約や政治による通過不能、予期されなかった新しいオプション、一つの中断が生む他の中断、などに起因し、これらはフェーズ間での決定の進行に影響を及ぼしたり、前フェーズへ差し戻されたりする。スケジュールの遅れは、多様なタスクに従事することによりマネジャーが時間に制約されていることに起因する。フィードバックの遅れは、意思決定者がすでに行った行為の結果を待つというような時間消費的活動をプロセスが含むことに起因する。タイミングの遅れとスピードアップは、マネジャーが特定の状況を利用するために、サポートあるいはよりよい条件を待つために、ある活動を他の活動と同期化させるために、意表を突く効果のために、あるいは時間を得るために、目的をもって行われる。包括サイクル

とは、各フェーズの中や間でまたはルーティンの中や間で、決定を循環させることであり、このサイクルにより意思決定者は複雑な問題を包括化していく。たとえば、問題を認識するために識別フェーズ内で、解決案を開発するためにデザイン活動とサーチ活動の複雑な組み合わせによりデザイン活動内で、代替案の結果を理解するために評価ルーティン内で、目標と代替案または目的と手段を調整するために選択フェーズと開発フェーズ間で、それぞれ循環することもありうるのである。受け入れられる解決案の不足によって意思決定はときおりブロックされる。このような際に失敗のリサイクルが起きる。受け入れられない場合、意思決定者は単純にある解決案が現れるまで決定を遅らせるかあるいは自身の基準を変え、結果的にこれまで受け入れられなかった解決案が受け入れ可能なものになる。解決案の失敗を所与とすれば、意思決定者はまず、制約を除去するために分岐するよう試みてそれによって受け入れられるようにする。これが実行できない場合、解決案を修正するために開発フェーズへリサイクルし、これが不可能ならまったく新しい解決案を開発しようと試みる。最終的に、資源がこれを許さず継続的に失敗に直面するなら、意思決定者はこれまで受け入れられなかった解決案を受け入れるだろう。

(2) Langley, *et al.* (1995) の「戦略的意思決定における相互作用プロセスモデル」

　Langley, *et al.* (1995) によれば、従来の多くの戦略的意思決定のモデルは、連続 (sequential) モデル、無秩序 (anarchical) モデル、反復 (iterative) モデルの３つに分類される。連続モデルは、問題の識別のステージから最終選択のステージまで連続的に収斂する限定された合理的プロセスとして意思決定をとらえ、無秩序モデルは、組織の諸部分の相互作用のプロセスとしてとらえ、反復モデルは、前二者両方の特徴を併せ持ったモデルである。

　これらの諸モデルは、具体性 (reification)、非人間化 (dehumanization)、分離 (isolation) などの限界をもつ (Langley, *et al.* [1995]、p.264)。具体性という限界は、意思決定は存在し、明確に識別されうるし、選択の瞬間があるととらえていることである。しかし意思決定は構成 (a construct) である。非人間化と

いう限界は、個々人の相違を忘れ、そして人間の感情や想像力を切り離していることである。しかし意思決定者は創造者、行為者、キャリアーなどの役割を果たし、組織的意思決定は集団的に行為する意思決定者の情緒や洞察、インスピレーションの諸力によってしばしば営まれる。分離という限界は、別々のプロセスが識別され特定の選択へとさかのぼることができるとされ、それらが組織コンテクストから独立して記述されていることである。しかし戦略的意思決定プロセスは相互関連やつながりによって特徴づけられるのである。

このような限界を認識しつつ Langley, *et al.* は、先ほどの3つのモデルを含む組織の意思決定プロセスのかかわる、連続（sequential）モデル、無秩序（anarchical）モデル、反復（iterative）モデル、収斂（convergence）モデル、洞察（insightful）モデル、織り合わせ（interwoven）モデル、など6つのモデルを提示している。

連続モデル、無秩序モデル、反復モデルはそれぞれ上述した特徴をもつモデルである。

収斂モデルは、ある時点で生じるある意思決定の代わりに、意思決定は何らかの最終行為のイメージへと徐々に収斂する全般的な軌跡に従うと仮定している。適切なメタファーは生物化学における発酵である。ここでは意思決定を一連のステップとしてみるのではなく、より統合的な方法での問題の構成としてみる。

洞察モデルは、意思決定は刺激を受けさらに刺激を与えるそのときどきの洞察を通じて進展し収斂するものであると仮定している。適切なメタファーは過飽和した液体の突然の凍結である。ここでは洞察、インスピレーション、感化、記憶などの重要な役割が強調される。

織り合わせモデルは、意思決定を多少堅く結びついた全体的な多数のリンケージを含む諸問題の複雑なネットワークとしてみる。適切なメタファーは風の動きである。ここでのリンケージには、連続的（sequential）リンケージ、水平的（lateral）リンケージ、先行的（precursive）リンケージがある。連続的リンケージは同じ問題についての意思決定が時間をかけて相互に関連するこ

とであり、包括（nesting）的なもの、雪ダルマ（snowballing）式のもの、繰り返し（recurrence）のもの、などがある。水平的リンケージは資源やコンテクストを共有する異なった意思決定間の結びつきであり、資源を取り合い、同じコンテクストの中にあるため結びつくのである。先行的リンケージは一つの問題に関する先行する意思決定が他の問題に対する将来の意思決定に影響する結びつきであり、可能にすること（enabling）、喚起すること（evoking）、先取りすること（preempting）、重なり合うこと（cascading）、吸収すること（merging）、学習すること（learning）などの結びつきがある。

(3) Pettigrew（1973）の「政治プロセスにおける相互作用」

Pettigrew（1973）は、組織を政治システムととらえ、「…単一企業における一連の革新的意思決定のコンテクストにおける政治的次元を探求しようと試みている」（p.xv）。そしてイギリス小売業者のコンピュータ導入に関するケーススタディにおいて、販売業者選定の意思決定にかかわる3人のマネジャーに焦点を当て、このマネジャーたちの選好の違いが技術や品質についての不合意のみならず企業における地位や自身の利益についての認識の違いによるものであることを明らかにしている。

かれによれば、組織における分業はサブ単位（sub-unit）を創造し、このサブ単位が専門化された職能や責任にもとづく利益（interest）を展開し、専門化されたタスクをもつサブ単位はまた相互依存している。この相互依存は共同的な意思決定プロセスの中でみられ、このような意思決定プロセスの中で、利益ベースの要求（interest-based demands）が形成される。そして要求生成（demand-generating）プロセスの異質性とこれらの要求間に対して明確におかれた優先順位の欠如がコンフリクトを引き起こしうるのである。さまざまな利害をもつサブ単位が乏しい組織の資源に対する要請を行い、この要請の範囲は交渉によって確保する資源が各単位の存続と発展のためにいかに重要であるかについての各単位の認識を反映しているようである。利益促進における要求者の成功は、かれの要求に対するサポートを生成する能力によるものであり、政治的次元からなる組織の意思決定プロセスの中で要求生成およびサポート生成のプロセスにサブ単位はかかわる。ここで「政治的行動は、組

織の資源共有システムに対する要請を行う組織の中での、個人による行動、あるいは集合的な意味でサブ単位による行動として定義されている」(p.17)。

　かれはさらに政治的次元の分析に際して、意思決定プロセスにおける権限（authority）と権力（power）について分析し、とくに社会的行為の構造化における個人の役割について考察を行っている。権力の行使において、諸個人は構造を基礎づける規範（norm）や期待（expectation）と同様に構造を変化させ維持しうるのであり、それゆえ個人の行動は、かかわる状況の構造にのみならず、自身の利益に合致する構造を形成し作り上げる能力に左右される。このことは自身が意思を押しつけるのに十分な権力をもつ場合にのみ可能であり、そこでは自身がもつ資源や他者との依存性の絆が武器になる。権力戦略にはさまざまな利害をもつ関係者群（parties）がそれぞれの要求のために従事し、この要求の不一致は組織上の地位、プロフェッショナルなトレーニング、サブグループの価値や関連グループへの執着などの産物である。要求の処理とサポートの生成は、権力が行使される一般的な政治構造の主要な構成要素であり、最終決定の結果は要求のサポートにおける各関係者群によって試みられる権力動員（power mobilization）のプロセスから進展する。

　以上のように、Pettigrew は、戦略的意思決定プロセスを、組織において多様な利害をもつ諸個人ないし諸集団が相互依存関係にあるため、交渉や、連携、説得などにより相互作用しながら決定がなされる政治プロセスとして論じているのである。

(4) Burgelman (1983) の「相互作用モデルおよびアクションと認知の相互
　　作用」

　第2章で述べたように、Burgelman (1983) は、「大規模で複雑な企業の戦略的プロセスは組織のさまざまなレベルのマネジャーたちの戦略的諸活動からなる」(p.61) として、戦略的イノベーションを起こすためのプロセスのモデルとして、「戦略行動（strategic behavior）」、「企業コンテクスト（corporate context）」、「全社的戦略コンセプト（concept of strategy）」の相互作用のモデルを提示している（図6-1）。

　この相互作用モデルをより詳細に把握するために、Burgelman (1988) は、

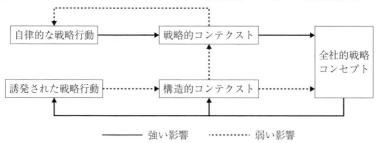

図 6-1　戦略行動と、企業コンテクスト、全社的戦略コンセプトの相互作用モデル

Burgelman（1983）、p.65 より修正引用

創発ステージにおける戦略決定を管理者のアクションと認知が本質的に織り合わさった（intrinsically intertwined）社会的学習プロセスとしてとらえ、多様な管理階層における個々人の戦略的意思決定やその解釈がいかにして組織レベルの戦略の構築に結びつくのかについて考察している。より具体的には、「ベンチャー・レベルの戦略が形成するプロセスとそれが全社的な戦略へ統合するステージ設定のプロセスにおける管理者のアクションと認知の相互作用」（p.75）についてである（図 6-2）。

　最初、アクションと認知は、狭く基礎づけられながらともに成長する。マネジャーは、戦略的フレームワークが徐々に抽出される具体的な経験ベースを展開する。最終プロセスつまり制度化のときに向けて、アクションと認知は広く基礎づけられ、戦略はアクションとは別に考察され、このプロセスには現場、ミドル、全社の各レベルと関連づけられ、各レベルでは下位のレベルで結合したアクションと認知を統合するのである。

　大企業において通常、新しいイノベーションのためのベンチャーは、新しい事業コンセプトに対する現場レベルの探求として、計画されず偶然に発見される形で現れ、かれらが、技術的活動をニーズに関連づけ製品やプロセス、システムなどを擁護するという形で内部の支持を獲得することで新たなプロジェクトとして展開していく。この内部の支持は、戦略推進活動（strategic forcing activities）の基盤となり、新しい製品やプロセスやシステムをともなう市場浸透が足がかりとなり、また業績が成長することにより事業展開への

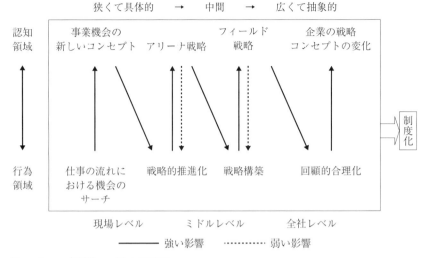

図6-2　企業内ベンチャーの戦略決定におけるアクションと認知の相互作用

狭くて具体的　　→　　中間　　→　　広くて抽象的

認知
領域

事業機会の
新しいコンセプト　アリーナ戦略

フィールド
戦略

企業の戦略
コンセプトの変化

制度化

行為
領域

仕事の流れに
おける機会の
サーチ

戦略的推進化

戦略構築

回顧的合理化

現場レベル　　　ミドルレベル　　　全社レベル

―――――　強い影響　　………　弱い影響

Burgelman（1988）、p.78 より引用

さらなる支持を確保する。

　戦略推進活動は、社内ベンチャープロジェクトに内外的な弾みを促進するように意図される。ベンチャーの管理者は、蓄積したデータや経験にもとづき、事業活動の比較的狭い新しい活動の場（arena）を明確にすることができ、この活動の場戦略は、かれらが経営陣とのコミュニケーションを図る手助けとなり、これまでの成功の基盤を説明し、解決されるべき問題を明確化し、目的を明瞭にすることを可能にする。戦略推進活動と活動の場戦略の明確化は、行うことから学習する反復的な相互作用プロセスとしてともに発展していく。両者はまた新たなベンチャーの展開に弾みをもたらすが、同時にまた事業の中断や範囲の制限をもたらす。このような事態を解決するために、ベンチャー管理者の統轄者は、ベンチャー管理者の戦略推進活動にかかわり補足する戦略構築（strategic-building）活動を始めなければならない。

　戦略構築活動とは、プロジェクトの成功や成功のカギへの理解、ベンチャー活動の範囲を広げる能力などへの広い意味合いについての認知を意味する。これは組織内の多様な活動や能力に関する徹底した知識を必要とする

ために基本的により高いレベルの管理者によって遂行される。戦略構築活動は行動からの学習を意味する。ミドルマネジャーは、起業家的なベンチャーマネジャーの戦略推進努力の結果を解釈する。そしてかれらにとって最も重要なのは、現場レベルでのさまざまなイニシアチブを結合し統合する、中範囲の戦略的フレームワーク（フィールド戦略）に関する実行可能な原則を概念化することである。

このようなフィールド戦略は、狭い活動の場での現場レベルのマネジャーの活動と経営陣の関心のギャップの橋渡しを手助けする。このような成功的な戦略活動にもとづく新しい事業フィールドにかかわる十分明確になった戦略の創発は、トップ・マネジメントが直接的にかかわるステージを設置し、ベンチャー経営への信頼性を提供し、ミドルマネジャーがトップ・マネジメントの新事業に対する心配を和らげることを可能にする。フィールド戦略は、そこでの企業の活動の境界を引くことによってまた企業の全社戦略との連携を構築することによって、新しいビジネスに対する全社レベルでの戦略的コンテクストを決定する助けとなり、また中間レベルの管理者が確定した領域で何が可能なのかについてトップ・マネジメントを教育しイニシアチブを保持することを可能とし、さらに新しい事業の推進を全社戦略に組み入れる重要な意思決定に達したときトップ・マネジメントの支援を得ることに役立つ。トップ・マネジメントが遡及的に正当であるとみなすと、新しい事業は戦略計画システムに組み入れられなければならない（つまり制度化されなければならない）。ここでは創発された戦略が安定的な地位を獲得する。つまり行動が計画に対して基盤をもたらす段階から、計画が行動に対する基盤となる段階になる。

このような戦略決定は社会的学習プロセスとして位置づけられている。このプロセスの進展は、多様なレベルにおけるアクションと認知の相互作用によるものである。何がなされうるか（コンテント）についての知識は成功的に行うこと（プロセス）から抽出されるが、プロセスがコンテントを生むとしたら、コンテントはプロセスに秩序をもたらすということである。

以上、Burgelman（1983, 1988）は、戦略的イノベーションのための意思決

定プロセスをベンチャーマネジャーとミドルマネジャー、ミドルマネジャーとトップ・マネジメントらによる相互作用プロセスとしてとらえている。そしてベンチャーのマネジャーによって戦略が作られ、ミドルマネジャーによって推進力が与えられ、最終的にトップ・マネジメントにより承認を得るという新規事業に関する戦略的意思決定プロセスが明示されているのである。

第3節　戦略的意思決定プロセスにおける　　社会的相互作用のフレームワーク

　本節では、これまで概観した戦略的意思決定プロセスの構成要素、ステージおよびそれらの相互作用にもとづき、戦略的意思決定プロセス分析のためのフレームワークを提示する。

　すでに指摘したように、ネオコンティンジェンシー・アプローチにおいて、環境と組織構造との間の調整機能としての戦略的選択の問題を明らかにし、また環境に関する諸研究において、意思決定者の認識・知覚する主観的要素が指摘されている。また戦略的意思決定プロセスの包括モデル研究において、意思決定特殊要因や意思決定者の認識や解釈にもとづく洞察力やアクションが重要な構成要素であるということが明らかにされ、さらに意思決定特殊要因とプロセスとの適合関係について明らかにされている。

　これらのことをふまえ、戦略的意思決定プロセスを分析するための視点を指摘したい。

　まず組織にとっての環境要因が多様に認識・知覚されるということは組織要因もまた同じく認識・知覚されるととらえることができる。そして意思決定特殊要因はまさに両要因に関する認識・知覚の産物であると考えられる。また戦略的選択が意味することは、いうまでもなくこれらの認識・知覚された環境を操作・選択するということであり、また同じく組織構造上の配置や組織デザインについても選択余地があるということである。これらは似たような環境下で異なった組織デザインを示すことに対する一つの答えである。

　これらのことを戦略的意思決定プロセスに置き換えて考えると、環境や組

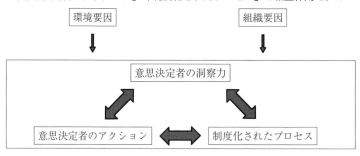

図6-3 戦略的意思決定プロセスにおける「意思決定者の洞察力」・
「意思決定者のアクション」・「制度化されたプロセス」の相互作用モデル

織に関する認識や知覚にもとづき意思決定特殊要因もまた主観的に決まり、その要因に対処するためのプロセスには多様な選択の余地があるといえるのではなかろうか。またこのようなプロセスは、組織上制度化されている側面と意思決定者がとりうるアクションを含むものと考えることができる。このようなことから、考察されるべき重要な要素と相互作用は、意思決定特殊要因を認識・知覚し戦略を構築するための「意思決定者の洞察力」や、それを支援する「意思決定者のアクション」および「制度化されたプロセス」とである（以上のことについて概念化したのが図6-3である）。

小　　括

　本章では、ここまでの先行研究の考察をふまえ、戦略的意思決定プロセス研究における戦略的意思決定の定義と対象、戦略的意思決定プロセスの構成要素、戦略的意思決定プロセスの分類基準などを概観し、これらの研究における諸概念を提示し、また戦略的意思決定プロセスの諸ステージおよびその複雑性、さらにそれらの相互作用を明らかにした。

　そしてこれまでの考察にもとづき、戦略的意思決定プロセスの構成要素として、「意思決定者の洞察力」や、それを支援する「意思決定者のアクション」および「制度化されたプロセス」を抽出した。次章では、これらの主要構成要素の概念をより詳しく定義づけ、さらにこのモデルの妥当性を検討する。

第 7 章

戦略的意思決定プロセスにおける
相互作用モデルとその妥当性の検討

は じ め に

　これまでの章で明らかにしてきたように、戦略的意思決定プロセスは、意思決定者がその認知や洞察力にもとづき構築するものであり、それゆえ意思決定者の洞察にもとづき定義される意思決定の特質などに従って、必要なアクションを選択・設計することを前提とした理論モデルが必要とされているのである。

　本章では、前章で明らかにしたように、戦略的意思決定プロセスの中の「意思決定者の洞察力」、「意思決定者のアクション」、「制度化されたプロセス」が相互作用しながら、そして学習されながら組織化されているという視点にもとづき、包括的な戦略的意思決定プロセスが進化・変動していることを考慮した理論モデルの構築を試みる。

　第1節では、「意思決定者の洞察力」、「意思決定者のアクション」、「制度化されたプロセス」について検討し定義を示すとともに、それらの重要な構成要素を明らかにする。

　第2節では、「意思決定者の洞察力」、「意思決定者のアクション」、「制度化されたプロセス」の相互作用について明らかにする。ここでは、意思決定者の洞察力は、そのアクションと制度化されたプロセスとを通じてより強固なものにされ、意思決定者のアクションは意思決定者の洞察力により時宜に応じて作り上げられ、そして場合によっては、それは慣習化され制度化されたプロセスへと進展し、制度化されたプロセスは意思決定者の洞察力にもとづき選択されたり修正されるものである、等々の相互作用を明らかにする。

　第3節では、Burgelman（2002）における戦略形成プロセスの事例研究に

対する分析を本章が提示している相互作用モデルによって行い本モデルの妥当性を検証する。

第1節　戦略的意思決定プロセスの基本的構成要素

1.　意思決定者の洞察力

　Rajagopalan, *et al.* (1997) によれば、「経営者の認知 (managerial cognition) は、『戦略的意思決定を構成する環境的、組織的、意思決定関連的諸要因に関する経営者の認識と解釈』として、定義される」(p.241)。そしてこの組織に広がる多様な認知を評価するために単一の情報源にたよることは問題であり、多様な情報源からデータが集められなければならない。この認知に関して、「経営者の認知の違いがどこから派生し、戦略的意思決定プロセスへの影響は何であるか」(p.237)、という問題が提起されている。

　Stubbart (1989) は、経営者の認知を「戦略経営研究におけるミッシング・リンク」と位置づけている。ここでいう認知という用語は、「哲学、神経科学、言語学、心理学、人工知能、人類学などからのアイデアを総合した認知科学」(p.329) において使われているものであるが、Stubbart は、「経営者の思考 (managerial thinking)」(p.327) ともよんでいる。意図 (intentions)、表象 (representations)、プログラム化 (computations) など認知についての認知科学の前提を戦略策定の経営者の問題に応用し、「意図は経営者が戦略問題やオプションについて考えるよう動機づけ…、表象は戦略経営に関する経営者の知識の内容を具象化し…、思考のプログラム化のプロセスに従って、意図や表象が創造されたり、操作されたり、変更されたり、維持されたり、あるいは棄却されたりする」(p.331) としている。

　さらに認知におけるカテゴリー、ネットワーク、推論 (inferences) という3つのトピックを戦略経営にかかわる問題へと応用している。経験を分割し、その諸要素をカテゴリーへ位置づけることは基本的な人間の認知能力であり、有用なカテゴリーは人間の意図とかかわる。カテゴリーのさまざまなタイプ

はそれぞれ共通の基準を共有するがゆえに、カテゴリーの創造は問題解決活動と密接に関連するのである。対象や人々、出来事などの分類は戦略を考える上で不可欠であり、経営者の経験をカテゴリー化することの複雑性や難しさ、結果などは戦略の策定と実行に対する重要な影響をもつ。エグゼクティブによって用いられるカテゴリーは戦略的状況や目標、アクションに関する思考を伝えるのである。このようなことからたとえば、機会と脅威は反対の極を示すものではなく、両方とも「重要度が高い」というような多くの属性を共有するととらえられるのである。カテゴリーに含まれる要素は主観的なものですべて同じというわけではない。また経営者の知識の諸カテゴリーは命題としてそれぞれ結合され、組織化された情報の連結したネットワークの生の材料としての役割を担う。その際、意味のネットワークはかけ橋を提供し分離しているカテゴリーを組織化された知識へと結びつける。このようなネットワークは、概念の意味についての知識を表すフレームワークとして始まり、パスや弧（arcs）をもつ意味の結節点の連結したネットワークである。

　さらに制限された合理性をもつ意思決定者はさまざまな問題へ不完全な問題解決手順であるヒューリスティックな推論を行い意思決定する。しかしまた多くの分野で人間の豊富な専門知識についての報告があり、この専門知識をプログラム化されたものへと変換する役割を専門家システムが果たす。

　また、Schwenk（1988b）によれば、戦略認知には、認知ヒューリスティックスとバイアス（cognitive heuristics and biases）、認知フレーム（cognitive frames）と戦略的仮定（strategic assumptions）、アナロジーとメタファー（analogy and metaphor）、個人差（individual differences）などのトピックがあり、それらは相互に関連している（pp.15-16、訳14ページ）。認知ヒューリスティックスとバイアスは、把握できるとしても時間とコストがかかる多様な状況を単純化するために使われる意思決定者の経験による簡便的な決定手法である。認知フレームと戦略的仮定は、基本的には意思決定者の準拠枠である。たとえば、ある属性の概念や属性間の因果関係について単純化した定義づけを行う。アナロジーとメタファーは、新たな問題を診断したり枠づけする際に利用する類似の状況である。さらに、戦略決定には意思決定者の認知スタイル、デモ

グラフィック要因、パーソナリティ性向などにおける個人差が影響を及ぼす とされている。

　すでに述べたように（第5章）、Hambrick & Mason（1984）や Glick, et al.（1993）もまた、認知に影響をもたらす諸要因の考察とともに、トップ・マネジメントの認知と戦略的意思決定プロセスのあり方の関係について考察を行っている。たとえば、Glick, et al.（1993）は、組織の上位階層の多様性（upper-echelon on diversity）が認知の多様性（cognitive diversity）に影響をもたらし、認知の多様性が戦略的意思決定プロセスにおける諸変数（意思決定の包括性、豊富なコミュニケーションの量、凝集性）に影響を及ぼすと論じ、そしてそれが業績（オープン・システムズの効果、利益率）に及ぼす影響について考察している。かれらによれば、デモグラフィックな多様性と構造上の多様性が選好や信念に影響する。たとえば組織のオペレーティングな目標についての選好やほとんどの事業戦術の効果についての信念に関する永続的な不同意へと運命づけることはないが、広告への資源配分に関する意思決定において、不同意はかなり予想できる。職能のバックグランドと強力な市場別の部門化の多様性がある場合、不同意が予想される。企業名の認知構築の効果、革新性に関する名声や認知の重要性、ほとんどの同業他社よりも広告へ費用を費やすことの効果などが不同意を刺激する問題である（pp.199-200）。

　以上のような認知にかかわる問題は、人間が環境などを認識する際に用いる比較的深層部分である認知構造とかかわるものであるが、本研究においてはこれらとともに学習により創造された認識や解釈などを意味する広い概念として、「意思決定者の洞察」といったより一般的な用語を用いる。

　以上のような議論は、意思決定者の認知にどのような要因が影響をもたらすのかについて論じているものであるが、それらはまた意思決定者の特性を反映していると想定される。

　Langley, et al.（1995）は、クリエーター、アクター、キャリアーという意思決定者の特性について以下のように論じている。

　クリエーターとしての特性とは、洞察とかかわり、ここでは潜在意識から生じる声を聞き、あるいはかれ自身の想像力によって立つイメージをみてと

る「洞察人（insightful man）」（p.268）モデルが提示されている。そして洞察は、問題のより深い意味を理解するために所与の事実以上のものをみてとるときに意思決定者に生じるものであり、思考を再構築するこれらの洞察力によって組織の多くの行動は決定される。戦略的な洞察は頻繁に起こるものではなく、すべての人のすべての時間に起こることはほとんどない。アクターとしての特性は、感化とかかわり、意思決定者は個人的に活気づき、さらにかれらやかれらの行動が他者に感化する。キャリアーとしての特性は、記憶や経験とかかわり、意思決定者を組織の歴史の集積者であり解釈者であり、また意思決定が結びつくようにする媒介者としてとらえており、意思決定者が記憶や経験、訓練などによって、それらの伝達を行うのである。

2. 意思決定者のアクション

　前述したように Rajagopalan, *et al.* （1997）によれば、経営者のアクションは、内外の監視、情報収集・分析、等々の合理的アクションと、選択された代替案への内外の準備を形成する政治／権力アクションからなる。これらに加え、本章では戦略的意思決定プロセスのあり方とかかわるより具体的なアクション、たとえば、①議論の場、②権限と責任、③決定ルール、④意思決定支援ツール等々の意思決定改善のためのアクションなども考察する。

　第3章で考察した戦略的意思決定プロセスにおける計画型モデルの再設計は、意思決定者の合理的アクションとかかわる問題である。たとえば Gray （1986）は、計画プロセスにラインマネジャーを参加させること、事業単位を正しく定義すること、詳細に行動ステップを描くこと、戦略計画と他の組織コントロール・システムを統合すること、などについて述べ、トップ・マネジメントが戦略の策定と実行により深くかかわる形で戦略的意思決定プロセスにおける経営陣の合理的アクションを再設計してきたことを明らかにしている。

　Chakravarthy & White （2002）は、「シニアエグゼクティブは戦略的意思決定プロセスにおける意思決定者や行為者であるだけでなくこれらの意思決定やアクションを形作る組織コンテクストの設計者であり管理者である」

（p.198）ととらえて、「目標設定」、「マネジメント・システムの設計」、「インフォーマル組織」における意思決定者のアクションについて考察している。目標を設定するということにより、トップ・マネジメントは、企業のマネジャーが環境における機会や脅威を知り、その独自能力をテコ入れしたり新しくし、その組織慣性を克服する道筋に影響を与えることができる。マネジメント設計は、戦略計画システムやコントロール・システム、インセンティブ・システム、人的資源管理システムなどの設計とかかわり、これらのマネジメント・システムをトップ・マネジメントが望む意思決定やアクションの前提に合致するように構築することにより、多様な意思決定問題に対処するのである（たとえば、March［1991］のいう新しい戦略フロンティアの「探索」および、既存の市場と独自能力の「開拓」という「意思決定問題に応じたシステム」の選択が示唆されている）。インフォーマル組織はマネジメント・システムをサポートする。ここではとくに、リーダーが組織メンバーへ挑戦に対する感情や情熱を与えることや、サポートや協調を動員する組織メンバー間のネットワークを作り上げるリーダーシップのあり方の重要性について述べられている。「トップ・マネジメントは、提案された変化に対する情熱を創造し、必要なサポートと共有を結集し、組織の信頼をはぐくまなければならない。インフォーマル組織は、企業が急激な変化を行うための一つの重要な手段である」（p.198）。

　つぎに、意思決定者の政治的アクションついて考察する。

　組織において政治は不可欠のものであり、Mintzberg, *et al.*（1998）によれば、「戦略形成をパワーや政治を取り除いたプロセスとして説明することは、ほとんど意味をもたない」（p.261、訳274ページ）。組織は異なった利害をもつ個人や集団からなり、そこでの乏しい組織資源に対する要求からコンフリクトが生まれる。Pettigrew（1973）によれば、「組織の意思決定プロセスの中で、要求生成プロセスとサポート生成プロセスへのサブユニットの関与が政治的次元を構成する。政治行動は、組織の資源共有システムに対する不平をもたらす組織における個人あるいは集合的な意味での、サブユニットによる行動として定義される」（p.17）。各サブユニットは特定のタスクをもつ一方で、相互依存の関係にあるために意思決定プロセスにおいてサブユニット間

で乏しい組織の資源をめぐりコンフリクトが発生するのである。また「政治次元は意思決定プロセスにおける権威と権力に関連して分析される」(p.30)のである。具体的な政治行動としては、連携の形成、ロビー活動、選任、議題の保留、議題のコントロール、情報の戦略的活用、外部の専門家の雇用などのアクションが含まれる。

このようにとらえるならば、組織における政治は組織にとってマイナスの効果を意味するとも考えられるが、このような政治的アクションにかかわるコンフリクトを解決する手段や、意思決定プロセスを効果的に行う際の役割についてのいくつかの見解が示されている。たとえば、Eisenhardt & Zbaracki (1992) によれば、「組織内での効果的な変化や適応は政治の効果的な活用しだいである」(p.26)。また、Quinn (1980) は、かれのいうインクリメンタルな戦略形成を行う理由の一つとして、「あらゆる重要な戦略的変化が直面する個人的抵抗および政治的圧力を取り扱うため」(p.3) であるということを指摘している。本研究では、このような見解と同様に政治的アクションについて戦略的意思決定プロセスを改善する手段としてとらえている。

つぎに、意思決定者の具体的なアクションとして、ここでは、「議論の場」、「権限と責任」、「決定ルール」、「意思決定支援ツール」、等々の意思決定改善のためのより具体的なアクションに関する事例について概観する。

まず「議論の場（たとえば会議）」の改善について、Mankins & Steele (2006) は、世界の主要企業 156 社の調査により、経営委員会（CEO、COO、CTO、人事担当執行役員等）と、事業部門や職能部門のマネジャーとの戦略立案会議は、定期的なプレゼンテーションの場であったが、ほとんど意思決定プロセスとして機能していなかったと述べ、「戦略立案プロセスと意思決定プロセスの一体化」のための改革について明らかにしている。

かれらが調査したある世界的メーカーにおいて、提出する戦略関連資料の制限、一週間前までの資料提出、会議の構成変更、事業部長等を本社に招へいする代わりに、経営委員会メンバーが毎春6週間をかけて22の事業部門すべてをおとずれ、会議開催などの改革がなされた。しかしながら、匿名のアンケートによれば、「時間がかかりすぎる」、「新しいプロセスによって何

かが決まった例しがない」と評価された。そこで二つ目の改革として、従来型の年次別事業部門別の戦略立案プロセスを廃止し、継続的で年次に縛られず、また部門でなく課題に焦点を当てた意思決定プロセスを導入し、「検討（発表）と承認（説教）」から「議論と決定」へ転換することにより、「機能的かつ意思決定志向の戦略立案」がなされた。

　まず全社的にみて最も重要な戦略課題が確認される。これらは一般に、年に一度見直しが図られる。続いて、できるだけ多くの戦略課題について意思決定できるように、経営委員会と年間を通じて話し合う。戦略課題はしばしば複数の事業部門にまたがるため、課題ごとに新たな検討チームが編成され、戦略に関する情報と財務情報が用意される。こうして個々の課題について選択肢を見つけ出し、それぞれについて評価する。これら一連の準備期間は9週間を超える場合もある。経営委員会は2回の会議で課題すべてを検討し、いずれも3、4時間が費やされる。最初の会議では、課題に関するデータと実行可能な選択肢について合意することに集中する。つぎの会議では、これらの選択肢の評価と決定に焦点が絞られる。

　特定の課題について意思決定が下されれば、代わりの議題として別の課題が検討される。また市場状況や競争条件が変わることにともない、いつでも重要な課題を戦略立案プロセスに追加できる。決定が下されると、事業部門の予算と資本計画を修正し、選択された戦略計画の内容を反映させる。こうして戦略立案プロセスに、資本計画の作成プロセスおよび予算編成プロセスが統合され、経営委員会と事業部門のマネジャーたちが予算と資本計画について長々と交渉することがなくなる。そしてこれらにより各戦略課題に取り組む計画が具体化する。各事業部門の予算と資本計画は、重要な戦略課題に関する意思決定と関連づけられ、絶えず更新される。これらによって、より多くのより質の高い意思決定をより短期間に実現できるようになった。

　Mankins & Steele（2006）はつぎに、このような改革の具体的な事例として以下のようなことを明らかにしている。

　①　ボーイング・コマーシャル・エアプレーンズ社の事例―「戦略統合プロセス」の導入

新しいプロセスを担当するチームは毎週月曜日に戦略統合会議を開き、重要な戦略課題の進捗状況について検討し、具体的なアクション・プランが経営陣に承認されると、つぎの週の検討会議で事業計画を更新し、それを業績予想に反映させる。

　②　マイクロソフト社の事例―「グロース・アンド・パフォーマンス・プランニング・プロセス」

　事業部門を超えた戦略課題を特定し経営陣の承認を仰ぐ。これらの戦略課題は毎年の戦略検討会議で叩き台となるばかりか、各事業部門からすれば、全社的な成長を視野に入れた上で、さまざまな投資案件を具体化する際の指針となった。

　③　テクストロン社の事例―「テクストロン・ストラテジー・プロセス」の導入

　共通するテンプレートにもとづく事業部門ごとの五カ年戦略計画の策定と、事業部門長たちと経営委員会との戦略計画検討会議は、質とスピードに疑問があった。それゆえ、まず第2四半期に集中して取り組んでいた検討を通年に分散し、四半期ごとに、2、3の事業部門についての戦略を検討し、つぎに経営委員会が各事業部門の計画を検討することをやめ、意思決定項目にあげられた戦略課題に注力するために継続的な検討作業を実施した。これらのプロセスは、経営陣が関連部門のマネジャーの意見を聞き、複数の事業部門に関する問題を提起し、これに取り組むための「フォーラム」としても機能している。

　また、戦略の検討作業のシステム化もなされた。たとえば戦略課題について、経営委員会との半日会議で2回検討され、年間を通じて8～10件の案件が決定される。経営委員会は最初の会議で、関連データ、たとえば主要市場の収益性に関するデータや競合他社の動向、顧客の購買行動などと合わせて、実行可能な選択肢を検討し、これらのデータと選択肢について合意する。最初の会議の目的は、特定のアクション・プランを決定することではなく、経営委員会に最善のデータとしかるべき選択肢を提供することにある。2回目の会議でこれらの選択肢を戦略と財務の観点から評価し、最善のアクショ

ン・プランを決定する。データと選択肢を切り離すことにより、経営委員会は、戦略上の意思決定を下すに至って、ほとんどの企業が直面する問題の多くを回避し、多くの意思決定を実現している。

④　カーディナル・ヘルス社の事例

本社部門では、経営委員会との議論を深めるために、議題を半年単位で見直し、その結果、全社員が、今経営陣はどのような課題に取り組んでいるのか、その課題に関する決定はいつ下されるのかを知ることができる。事業部門と職能部門間でも同じような仕組みが導入され、社内の意思決定基準が共通化された。継続的な意思決定プロセスの効果を高めるため、新しい分析ツールとプロセスの熟練者たちを養成し、社内に配置した。

⑤　キャドベリー・シュウェップス社の事例—本社と部門と事業部門の戦略に関して議論する方法の見直し

消費者、顧客、ライバルに関するデータと評価基準を共通化し、戦略の検討作業に組み入れた。これらのデータによって、経営陣は事業上の主要選択肢を把握できるようになり、またこれらの選択肢は、以前のように事業部門の中に埋もれてしまうことはなくなった。つぎに、経営陣の時間配分を変えることで十年ビジョンが生まれ、重要な意思決定を下すに当たっては、必要不可欠な市場により多くの時間を傾けることができた。経営陣は、業績に最も重要な影響を及ぼす国々を年に一度おとずれ、まる1週間そこですごし、直接観察し意思決定することができることとなった。

「権限と責任（あるいは決定権）」の改善に関して、Rogers & Blenko（2006）は、グローバル対ローカル間、本社対事業部門間、部門間、社外対社内間などの関係において、最終権限が誰にあるのかはっきりしない、提案への拒否権をもつ人が多すぎる、助言者が多すぎる、等々、意思決定プロセスで発生しがちな問題があることを明らかにし、それに対する改善策として、RAPIDモデル（Recommend：提案、Agree：同意、Perform：実行、Input：助言、Decide：意思決定）を提示し、以下のような事例を明らかにしている。

①　グローバル対ローカル—ブリティッシュ・アメリカン・タバコ社の事例

4つの地域本部が独立して動いており、グローバル・ブランドを確立し、原材料のグローバルな調達とイノベーションと顧客管理の一貫性を高める必要がある一方、ローカル市場の機敏さや意思決定を損なうことを回避するという課題がある。実験として調達分野に重要な意思決定権限をもたせた。本社にグローバル調達チームを創設し、原料などについて価格や品質基準を交渉する権限をもち、実行責任は各地域調達チームに移行し、地域ごとの納品やサービスなどの詳細を決めることとする。これらに続き他の主要な分野でも意思決定の見直しが行われ、新しい意思決定システム下での権限の見直しが図られた。次世代のリーダーたちに意思決定プロセスを再構築するチームの運営を任せ、経営陣には提案に対し助言を行い、否定をしないことを求め、コンセンサスも求めないことにした。

　②　本社対事業部—製薬会社のアメリカン・ホーム・プロダクツ社（現ワイス・ファーマーシューティカルズ）の事例

　バイオテック、ワクチン、伝統的な医薬品という三本柱があり、それぞれ固有の市場特性、研究課題、業務上の問題があったが、主要な意思決定はすべて本社経営陣に上申されていた。バイオテック部門で慢性関節リュウマチの治療薬にかかわる意思決定問題に直面し意思決定プロセスの改革を行った。

　ここでは、ライバル会社による急ピッチの新薬開発などもあり、新工場建設や発売のタイミングなど意思決定にスピードが求められ、また他社と共同販売する予定であるため2社にまたがった委員会が存在しており、経営陣は状況を把握するだけでも苦労していた。この投資にゴーサインが出た後、決定権の大半は事業本部長とかれのチームに委譲され、製造部門やマーケティング、需要予測、財務、研究開発などのマネジャーが助言する役割を果たす。また抗菌剤の優位を確保するため、処理技術の改善、原材料の手配、品質管理、生産体制の構築などの重要課題について取りまとめるため、部門内の一ないし2段階低い階層の管理職に意思決定権限を移した。

　③　部門対部門—イギリスの百貨店ジョン・ルイス・パートナーシップ社

　部門横断的な課題はまた戦略上の意思決定の課題でもある。ここでは瓶詰の塩と胡椒の品ぞろえに関してバイヤーと販売スタッフとの間の権限の配分

問題があった。バイヤーは価格帯とデザインの傾向で売れ筋を絞れば、在庫切れが起きにくく売上も増えると考えたが、売上が落ちてしまう。品数を減らしたせいで売り場面積が半分に減らされたためで、スペースを維持したまま在庫を確保しようという目的は達成できなかったのである。ここで意思決定プロセスにおける各役割を明確にするため、バイヤーには、商品カテゴリーごとに配分すべきスペースを確保する権限を与え、販売スタッフには、そのスペースの決定に納得できなければバイヤーと交渉する権限を与えつつ商品陳列に関する責任を負わせた。

　このような部門間での意思決定権においてはどちらかに権限を与えた方がよいが、権限の移管よりもしかるべき情報の共有が重要であると結論づけている。

　④　社内対社外パートナー——アメリカのアウトドア用品メーカー

　中国のパートナー企業に生産を委託したが、アメリカの消費者が求める品質水準に関して問題が生じた。アメリカ本社からコスト高の設計が送られてくると、中国の工場長は、契約した価格で納めるために品質を落とした。このような問題に対処するために、設計と製造のプロセスを5段階に分け各段階で意思決定がどのように下されているのかについて検証を行った。また設計仕様もより細かく指定し、それに製造現場がどのように対応すべきかを改めて具体化させた。さらに完成品の見栄えや使い勝手にかかわる意思決定についてはアメリカ本社の承認を義務づけた。

　一方これ以外のことについては、中国側で決めてよいことにし、たとえば見栄えや機能、手触りなどに影響しない原材料については、中国側の技術者が自主的に意思決定できることとした。この体制を徹底するために、同社では、技術者チームを中国に派遣し、設計仕様の受け渡しをより円滑化し、本社に上申していては時間のかかる意思決定は現地で下すこととした。

　本社のマーケティング責任者は、消費者が自宅に持ち帰った商品を10分以内、6段階以下で組み立てることを要求し、このとき中国に派遣された技術陣は、現地の製造チームにさまざまなアドバイスを提供し、それを実行させる責任を負った。これは、大規模な設計変更が不可避であったため最終決

定権は本社に残す一方、ロジスティックス関連の意思決定は中国側の技術者チームの専決事項とした。その結果、梱包が工夫され、コンテナ一台当たりの積載量が3割以上増え、輸送コストが大幅に削減された。

「決定ルール」に関して、Eisenhardt & Sull（2001）は、「変動が激しい市場にあっては、柔軟に構えてチャンスをつかまなければならない。ただし柔軟な中にも規律が必要である」（訳100ページ）として、「その分野でチャンスを追求するためのガイドライン」としての以下のようなシンプル・ルールを明らかにしている。

①　ハウ・トゥ型ルール

追求するチャンスと、対象から外すべきチャンスとの選別に集中することを目的とする。たとえば、シスコシステムズ社の初期の企業買収ルールとして「被買収企業の従業員は75人を上回らない。そのうち75％はエンジニアである」などがある。

②　制約のルール

取捨選択したチャンスの間に優先順位をつけることを目的とする。たとえば、インテル社の生産能力の割り当てに関するルールとして「商品の粗利益に応じて割り当てる」などがある。

③　優先順位のルール

遭遇したチャンスと速度を合わせ、また会社の多部門とも足並みをそろえることを目的とする。たとえば、ノーテル・ネットワークス社の商品開発のルールとして「プロジェクト・チームは主力顧客が市場で勝ち抜くためには、商品をいつ納入しなければならないかを理解する。商品開発期間は1年以内とする」などがある。

④　タイミングのルール

過去のものとなったチャンスからいつ撤退すべきかを決めることを目的とする。たとえば、オティコン社の進行中のプロジェクトを中止するルールとして「もしチームの主要メンバー——マネジャーであるか否かを問わず—が、社内の別のプロジェクトに移ることになった場合、そのプロジェクトを中止する」などがある。

「意思決定支援ツール」の構築に関して、Schwenk（1988b）は、天の邪鬼（＝悪魔の代弁者：devil's advocacy）による構造的コンフリクトの活用について考察している。「基本的な天の邪鬼という方法の手続きは、一人かそれ以上の人々が有力な戦略に対して異論をもちだしたり、戦略の前提となっている仮定に挑戦したり、可能ならば対案を指摘するために用いられる手続きである」（p.95、訳93ページ）。かれは諸研究のサーベイを通じて、この方法は、一定の規則に従うならば、戦略的意思決定を改善できると指摘し、天の邪鬼は特定の代替戦略と一体化した「批判のための批判」というよりも、プロセス・コンサルタントや有力な戦略の客観的批判の役割を演じるべきであり、それが介入すべきポイントやその演ずる特定の役割は、考慮される決定の特徴（たとえば、良構造か悪構造か等々）によって決まり、さらに意思決定集団における人々が天の邪鬼過程への真剣なコミットメントを行うときにのみ活用すべきであると結論づけている（p.106、訳105ページ）。

3. 制度化されたプロセス

　ここでいう制度化されたプロセスの「制度化された」とは、戦略的意思決定におけるステップないし段階と、それらの中で行われる諸活動がある程度公式化あるいは習慣化されているという意味である。

　まず、戦略的意思決定プロセスにおけるステップないし段階が「制度化されている」ことについてである。それは、すでに述べように、Hofer & Schendel（1978）が、Ansoff（1965）や Andrews（1971）など初期の規範的なプロセス研究を考察して明示した、①戦略の識別、②環境分析、③資源分析、④ギャップ分析、⑤戦略代替案、⑥戦略評価、⑦戦略選択、という7つのステップや、Mintzberg, *et al.*（1976）が、25の戦略的意思決定を調査し明らかにした、識別（identification）フェーズ、開発（development）フェーズ、選択（selection）フェーズという段階などのことを指す。

　ところで、Hofer & Schendel は、プロセスが秩序立っており、また各ステップが順序づけられているととらえているので、それを「構造化されている」あるいは「制度化された」プロセスととらえることに問題はないであろ

うが、それに対して Mintzberg, *et al.* は、このプロセスを「非構造化された」プロセスであると明確に述べているので、それを「制度化された」プロセスととらえることができるのかという問題がある。本書では、Mintzberg, *et al.* が示した3つのフェーズ（段階）は公式化されてはいないとしても、ある程度習慣化されている段階ととらえている。「構造化された」プロセスというとらえ方と違って、明確に順序づけされていないとしても、これらのプロセスの存在自体は「制度化されている」のである。各フェーズの中での意思決定の流れやサポート・ルーティンは、多様でありかつ順序も秩序も不明確であるので、「非構造化されている」と考えられるが、それでも何らかの組織慣性が働き、ある程度習慣化されていることもありうると考えられる。

　つぎに、これらのステップや段階の中で行われる諸活動であるが、その特質は、一般的にいえば、トップダウン、ボトムアップ、ミドルアップダウンなどの形で「制度化されている」と考えられる。より詳細にいえば、Rajagopalan, *et al.*（1997）および Papadakis, *et al.*（1998）がいうところの、包括性／合理性、階層の分権化、水平的コミュニケーション、政治化などの程度や、また Glick, *et al.*（1993）がいうところの意思決定の包括性、豊富なコミュニケーションの量、凝集性などの程度が、公式化していたり習慣化しているという意味で「制度化された」プロセスなのである。

第2節　構成要素間の相互作用

1. 意思決定者の洞察力と意思決定者のアクションの相互作用

　「洞察力→アクション」は、洞察力にもとづき、誰が参加し、誰に権限を与え、どのようなルールにもとづくか、等々のアクションに作用し、「アクション→洞察力」は、アクションを通じて洞察力を生成したり、初期の洞察力にさらなる洞察をもたらし、その改善に作用する。

　洞察力からアクションへの作用として、たとえば上述した Mankins & Steele（2006）のいうところの議論の場との関連でいえば、機能不全に陥っ

ていた伝統的な戦略立案プロセスは、アクションの一種である議論の場とし
ての会議のあり方（たとえば、かかわる部署やメンバー、議論する内容、タイミング
など）に対する洞察力にもとづき、継続的で意思決定志向の戦略立案プロセ
スへと変更されたことなどをあげることができる。また Rogers & Blenko
(2006) は、グローバル対ローカル間、本社対事業部門間、部門間、社外対社
内間などの関係において、最終権限が誰にあるのかはっきりしない、提案へ
の拒否権をもつ人が多すぎる、助言者が多すぎる、等々の意思決定プロセス
で発生しがちな問題に対しての洞察力により、権限と責任の改善というアク
ションの改善を示唆している。つぎに、アクションから洞察力への作用とし
ては、Rajagopalan, *et al.* (1997) が指摘した合理的アクションおよび政治／
権力アクションや Schwenk (1988b) の指摘した「天の邪鬼」による手法を
活用するアクションを通じた情報の収集・加工、社内の連携などにより、初
期の洞察力を生成したり、それに対して確証を得たり、修正するという作用
をあげることができる。

2. 意思決定者のアクションと制度化されたプロセスの相互作用

アクションおよびプロセスとその特質は、意思決定における機能の配分や
情報の流れであり、また後者はそれらに関する一定のルールを規定している
もので、前者は比較的柔軟な手法であると考えられる。このように考えるな
らば、アクションからプロセスおよびその特質との関係は、場合によっては、
前者が後者を具体化したものであったり補完するものであり、さらに柔軟な
手法であるアクションに一定の効果や反復がみられれば、比較的固定的な制
度化されたプロセスとその特質になる。たとえば一時的なプロジェクトやタ
スクフォースが制度化されるようにである。プロセスおよび特質のアクショ
ンへの作用としては、上述したように前者を後者が具体化したものととらえ
るならば、後者がたとえば、会議にかかわる部署やメンバーなど、または権
限と責任などのアクションの範囲や程度を規定するなどの作用がある。
Burgelman (1983) のいうところの構造的コンテクスト (structural context) と
誘導された戦略行動 (strategic behavior)、および戦略的コンテクスト (strategic

context）と自律した戦略行動（autonomous behavior）の関係は、構造的コンテクストが提示される戦略提案の多様性を減らすという形で誘導された戦略行動の範囲を規定し、自律的な戦略行動が新たな戦略的コンテクストを事後的に構築するという関係である。本研究でいうところのアクションとプロセスよりも広い概念であるが、かれのいう戦略行動をここでいうアクションとして、コンテクストをここでいうプロセスとしてみれば、その関係と同じ意味合いをもつ。

3. 制度化されたプロセスと意思決定者の洞察力の相互作用

プロセス（およびその特質）から洞察力への作用としては、前述したPapadakis, *et al.* (1998) による、包括性／合理性、財務報告、公式化、階層の分権化、水平的コミュニケーション、政治化、問題解決における不一致などのプロセスの特質が洞察力の範囲や程度などを規定する。すなわち、たとえば、意思決定の分権化や水平的コミュニケーション、参加の程度により、あるメンバーが洞察力すべき項目や人的交流による洞察力の程度が規定されるのである。洞察力からプロセスへの作用として、Glick, *et al.* (1993) の調査にもとづけば、たとえば、戦略的意思決定プロセスにおける特質（意思決定の包括性、豊富なコミュニケーションの量、凝集性）に対し選好の多様性は負の影響をもつ。選好の多様性は、価値観の共有の欠如や低度の認識される共通性のため不満へと導き、このことが低度の包括性や凝集性を生む。選好に関する不同意は、分析や議論を通じて不同意を解決するための衝動あるいは好奇心を刺激するよりは分裂や断ち切られた意思決定へと導くようである（pp.200-201）。戦略的意思決定プロセスにおける特質（意思決定の包括性、豊富なコミュニケーションの量、凝集性）に対して信念の多様性は正の影響をもつ。広告の効果についての信念にかかわる多様性は包括性を強化する。

以上の戦略的意思決定プロセスにおける相互作用モデルの概念図が図7-1である。

図 7-1　戦略的意思決定プロセスにおける相互作用モデル

図 7-1　戦略的意思決定プロセスにおける相互作用モデル

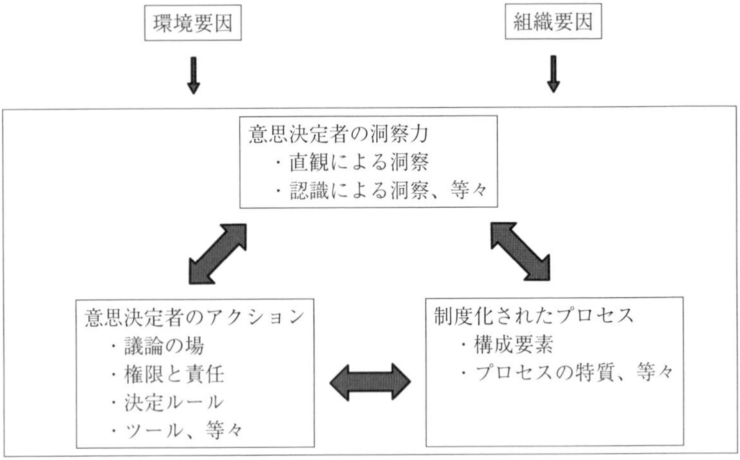

第3節　戦略的意思決定プロセスにおける
相互作用モデルの妥当性の検討

　つぎに、この相互作用モデルの妥当性について、Burgelman（2002）によるインテルにおける戦略的イノベーションのための意思決定プロセスに関する事例研究にもとづき検討を行う。

1.　インテルにおける戦略形成プロセスの成功例にもとづく検討

　まずは、DRAM 事業中心からマイクロプロセッサ企業へ変貌を遂げていく戦略的イノベーションのための意思決定プロセス（トップ主導型の成功例）をみていきたい。当初、技術者たちはマイクロプロセッサの戦略上の重要性を早くから認識しており、当時 CEO のゴードン・ムーアは技術上の可能性を評価していたが、技術者である上級マネジャーはそれが会社の将来にとって重要であると確信させるために努力し、ビジコン社から権利買戻しを実現させた[注1]。つぎの CEO のアンディ・グローブは、その戦略認識力により、1970 年代全般にわたりインテルの中核事業であった DRAM 事業からの撤退

とマイクロプロセッサへの資源配分の必要性を認識していた一人であった。これらのことによりマイクロプロセッサが多様な用途のうちパソコンにおいて、市場におけるインテル・アーキテクチャのリーダーになり次世代製品で単独サプライヤーになることや世界最高レベルの半導体製造企業になるという企業戦略が明確化した。

　また、1990年代はじめ、マイクロプロセッサがコンピュータ業界を垂直構造から水平構造へと変えたこととその戦略上の意味をグローブは早くから認識していた。そしてインテル・アーキテクチャの卓越した地位の獲得と維持が採用による収穫逓増を生むことを認識していた。これらの認識を確信させるために重要な役割を果たしたのが、決定ルールであった。DRAMを中核事業としてEPROMやマイクロプロセッサなどの主要製品領域をもっていたインテルは、「ウェハ一枚当たりのマージンを最大化するというルール」（p.66、訳85ページ）に従って製造能力の配分を行うことにより、マイクロプロセッサの製品領域が拡大していく。

　グローブは、またそのことが社内の戦略的意思決定プロセスに与える影響も認識しており、意思決定プロセスの変更を行う。1987年までに、これまでのボトムアップ型の戦略策定プロセスをトップダウン型へと変更したのである。以前の長期戦略計画会議では、グループごとの独自の戦略を提案し、それらを組み合わせようとしていた。それをトップダウンで戦略を指示する方向へ変更し、その指示が製品事業部の戦略を規定するフレームワークとなった。

　このプロセスの下で、新しい策定プロセスにおいて重要な役割を果たしたのが、議論の場や権限と責任のあり方である。新しい策定プロセスは、4月に戦略の分析と今後3-5年間に起こりうる機会と脅威に関するディスカッションを行った。会議の冒頭グローブが戦略上取り組むべき課題を提示し業界で今後起こりうることに関する考えを述べ、全員で大きなトレンドを確認した。10月は戦略の実行に焦点を当てて会議を開き、資源配分を重点的に議論した。4月の会議に先立ち、グローブのアイデアや仮説がかれと補佐たちの間で述べられ、それらを検証するデータが準備された。4月の会議の後

半では、特定の問題に対して、上級マネジャーがスタッフの助力を得て、製品事業部や職能部門の枠を超えて作成されたプレゼンテーションを行った。この会議で衝突や対立を明確にし、それらを検討する仕事を特定の個人に割り当て、事業計画は6カ月予算に組み込まれ四半期ごとに達成状況や計画の審査を行った。

これらを支える企業文化として、建設的対立、同意はしないが決定には従う、明瞭であること、データにもとづく意思決定、行動に移しやすいこと、などがあった。また決定ルールには、ウェハ一枚当たりのマージンに応じて製造能力の割り当てとならんで、中核事業（マクロプロセッサ）の支援、ブランド戦略との一致、OEM顧客との非競合、などがあった。

この事例を本書の相互作用モデルを通してみると、組織メンバーによるマクロプロセッサ事業の重要性やパソコン業界の構造に関する戦略認識（あるいは洞察力）が重要な役割をしていたことがわかる。さらにその認識は社内におけるアクションとしての意思決定ルールによって補強され、またその認識が意思決定のプロセスを現場主導型からトップ主導型へと導いており、さらにトップ主導型のプロセスを実現する上で、会議のあり方（スケジュール、ディスカッションの内容、仕事の割り当て、等々）が変更されているのである。

つぎに、PCIチップセット事業を構築した戦略的意思決定プロセス（現場主導型の成功例）をみる（チップセットとはパーソナルコンピュータを構成するのに必要な周辺回路を集積したチップといったような複数のチップのこと。制御回路が搭載されているためコンピュータのパフォーマンスに重大な影響を与える）。

外部委託していたPCIチップセット事業はマイクロプロセッサの補助的位置づけであったが、やがてチップセットがパソコンの性能向上を制約するようになる一方で、OEM顧客には研究開発の余力がなかった。幹部は高性能化の必要性を認識しており、事業チームのリーダー（上級マネジメントにも属す）は、PCIチップセット事業がペンティアム立ち上げの重要なカギであり、成功を後押しできると認識していた。トップ・マネジメントは、重要性は認識していたが、業界標準製品として事業立ち上げは考えず、必要であれば競争相手を支援するつもりであった。グローブもコンソーシアムで開発す

ることを主張していた。

　このような状態において当事業の戦略を推進するために、議論の場や権限
と責任について以下のように展開する。推進事業部はメンバーの入れ替え、
四半期ごとの予算会議では優先順位を明確にしてゼロベースで予算がつけら
れたが、その会議で上述のカギを説明、スローガンを立て社内を説得した。
事業の将来性を見極めるための社内外のいろいろな部署と連携し、たとえば
技術者との議論で重要性について一致し、顧客からのフィードバックがあま
りなくインテル自身が設計についてよりよく理解する必要性を認識し、マー
ケティング担当者が技術志向からアプリケーションのエンジニアリング志向
へ変わることを認識するに至る。毎週作戦司令室ミーティングを開き皆が集
まり、他の人の取り組みを理解し、本社営業部門と交渉し、社内顧客の説得
を行うが、戦略検討会議では反対される。しかしグローブは判断せず、最終
判断を新規事業チームに任せる用意があると会議の後個人的に述べた。市場
シェアの拡大がトップの理解へとつながり、結局トップが重要性を認めトッ
プ主導のプロセスによる推進が始まる。その際、性能が優れているが高価
だったこの製品は価格競争が激しいマザーボード事業部では反対を受ける。
そこでグローブはマザーボード事業部のミッションは先進技術を市場に出す
ことであるという決定ルールにより、短期より長期の利益を優先すべきであ
ると判断した。

　この事例では、現場主導型のプロセスから創発したチップセット事業の重
要性に関する認識はトップ・マネジメントにおいてあったが、それを事業と
して立ち上げることについては決定的な認識はなかった。このような決定的
でない認識は、チップセット事業を推進すべきであると考える幹部らの（他
部門を含む）議論や連携というアクションによって補強され、トップの新た
な認識へ結びついた。さらにこの認識を他の事業部へ承認させるために先端
技術を市場に出すというミッションつまり決定ルールを活用し、社内の認識
を確定させたのである。

2. インテルにおける戦略形成プロセスの失敗例にもとづく検討

　戦略的イノベーションの失敗例としては、パソコンを使用したビデオ会議事業とパソコンをリビングルームに組み入れるプロジェクトがある。Burgelman（2002）により、それぞれ戦略の硬直化に対する対応の失敗として描かれているが、本書の相互作用モデルからみれば異なった視点が提供できる。

　まずビデオ会議事業におけるプロシェア製品（デスクトップ・パソコン上で動くビデオ会議用システム）であるが、この事業自体グローブの確信と強引ともいえる支援によって、中核事業にとって戦略上重要であるとみなされた。このことは、プロシェアが外部環境で成功するための大きな機会を得たようにみえる。しかしこのことによって、事業部長が有する戦略選択の自由度が減り、顧客のニーズは何か、ニーズは最初にどこで出現するのか、ニーズはどのように変わっていくのか、などを検討する間もなく実行段階へ突入したことになる。また製品に支援を取りつける過程で、直観を育てたり、技術とニーズを結合させたり、新規事業に規律を与えたりする活動が行われなかった。さらにトップのグローブが積極的に推進したため、トップと事業部長の間の上級マネジャーが事業戦略を構築するという役割を担っていなかった。

　この事例では、本書でいうところの洞察力とアクションの相互作用によって認識を補強したり正当化することがなかったということである。つまり事業を事後的に正当化する重要な役割を果たせる希少な人材に権限と責任が与えられなかったということである。

　つぎに、もう一つの失敗例であるフッドリバーとよばれたパソコンをリビングルームに組み入れるプロジェクトである。このプロジェクトにおいては、早い段階で最新鋭のマイクロプロセッサをベースにしたパソコンがリビングルームで使用される製品という定義がフッドリバーの製品に与えられた上で、組織コンテクストからの淘汰プロセスをクリアするというプロセスで進められた。いいかえればパソコンの上位機種として定義された家電製品がパソコン事業の組織コンテクストによって推進されたようなものである。それと同

時にこのプロジェクトはデスクトップ事業部長により進められたので、全社的な見地からのリビングルームでの新しい事業という視点にもとづき戦略コンテクストや事業戦略を構築できず、組織的支援も獲得できなかった。本書の相互作用モデルの視点からみると、このことは、製品の定義に関する認識を深めるための議論の場や権限と責任の所在などのアクションが欠けており、また誤っていたということである。またこのプロジェクトが既存の組織コンテクスト（本書でいうところのプロセス）によって淘汰されたということは、このプロジェクトに適切なプロセスに関する認識がなされていなかったことを意味するのである。

小　　　括

　本書において提示した戦略的意思決定プロセス研究の課題と関連して、Burgelman（2002）によるイノベーションを起こすための戦略形成プロセスに関する事例研究において論じられているいくつかの点について指摘しておきたい。一つは、計画型アプローチと創発型アプローチとの関係であり、もう一つは戦略実行の問題である。

　Burgelman のトップ主導の戦略形成プロセスは本研究でいうところの合理的な計画型プロセスと、同じく現場主導のプロセスはインクリメンタルな創発型プロセスと一致するわけではないが、それぞれの視点に近い。かれの戦略形成プロセス研究の考察において、「…どちらか一方だけですべての状況に適応し続けるのは困難である。企業の発展段階によって、ある時期はトップ主導の戦略形成プロセスは支配的になり、ある時期は現場主導の戦略形成プロセスが支配的になる。しかし、変化への適応力としての戦略形成プロセスに必要なのは、二つのプロセスをいつも同時に作用させることである」（p.14、訳19-20ページ）と論じられている。

　また実行の重要性について、「トップ・マネジメントの戦略的意図が十分に実現されることは少ない。というのも、実現には徹底的にフォローする経営者のたゆまぬ努力が必要となるからである。多くのトップ・マネジメントがそれを成功しないのは、組織に実行を強いる能力を欠いているからであ

る」（p.170、訳237ページ）と指摘しながら、戦略実行に対する以下のような
グローブのリーダーシップ（pp.154-168、訳211-235ページ）が明らかにされて
いる。

・スピーチによる戦略

　外部メディアは自社従業員へメッセージを配信する重要な機会であると考
え、それを通じて一貫してインテルの文化が開かれたものであることを強調
し伝えた。

・戦略を教える

　管理職の戦略能力を高めるため社内で開発された管理職向けの研修プログ
ラムを開発し、マネジャーたちが社内の常識に異議を唱えやすくしただけで
なく、それに必要な概念、ツール、言葉を提供した。

・組織コンテクストを変える

　戦略計画会議……戦略分析、機械と驚異のディスカッション、戦略実行、
など

　経営資源の配分……長期戦略計画の製品事業本部による製品ライン事業計
画書への落とし込み、CFOとCOOによる三カ月周期での六カ月予算（重要
な戦略実行のメカニズムである）の達成状況と計画の審査

　採用と昇進……トップ・マネジメントの下のエグゼクティブスタッフとい
う階層（事業本部長と職能部門の長から構成される上級マネジャーの階層）にマイク
ロプロセッサ事業本部に属する事業部長の多くを昇進させた

　業績評価と報酬システム……給与のほか、ボーナス（六カ月予算の強い結び
つき）、ストックオプション

　組織構造……中央集権的であった（社内のすべてがトップとその周辺に報告され
るようになっていた）。各製品事業部と各職能組織からなるマトリックス組織
をとり続けており、製品事業本部毎にそれぞれの市場の収益責任を負ってい
たが、製品事業本部で戦略を遂行するのに必要な経営資源すべてをコント
ロールしているところはなく、職能部門は、製品事業本部をサポートし、組
織横断的な業務に必要な専門家を育成する責任を負っていた。新世代製品の
開発・製造、販売の速いサイクルを考慮すれば、すべての部門間で調整が非

常に重要であった。

　行動を導く原理原則……信頼と尊敬にもとづく仕事上の関係の構築、力関係は職位でなく影響力で決まる、質問やオープンな議論を奨励が規範、建設的対立、「同意しないが決定に従う」、思考と行動に規律を求め、結果と成果を重視

　以上 Burgelman の研究で明らかなのは、「環境変化への適応力としての戦略形成プロセス」において計画型（トップ主導）と創発型（現場主導）両方の戦略形成プロセスが重要であるとともに、戦略の成否が戦略形成プロセスのみならずその実行の管理にあるということである。

　注1　マイクロプロセッサは、日本の電卓メーカーであるビジコン社がインテルに接触したときに生まれた。インテルの技術者が電卓の演算機能をプログラムできる数個の汎用チップからなる汎用セットを作り出した。この新たな半導体部品がのちのマイクロプロセッサである。当初、ビジコンが設計の権利を有していたが、インテルは、電卓用の設計には使用しないという条件でその権利を買い戻したのである（Burgelman［2002］、p.57、訳72ページ）。

第8章

戦略的意思決定プロセス研究における
諸アプローチの検討

は じ め に

　戦略的意思決定プロセスは複雑なプロセスであり、組織において実際にど
のようなプロセスで戦略的な決定がなされているのかについて明確な解明は
いまだなされていない。このプロセスは、合理的な計画型プロセスと非合理
的な創発型プロセスに二分され検討されてきており、それらの多くは定量分
析によるものである。定量分析は、問題設定–仮説–検証を、統計的手法を用
いながら因果推論を行うものであり、戦略的意思決定プロセス研究における
因果的推論としては、環境と決定プロセスの適合関係（原因）が高いパフォー
マンス（結果）を生み出すというものである。

　本書で検討した諸研究において、たとえば、不確実性の高い環境と計画型
の決定プロセスとの適合が高いパフォーマンスを生むという見解が示されて
いる。「コンティンジェンシー・アプローチ」にもとづくこれらの諸研究か
らのインプリケーションは、たとえば、「ダイナミックな環境に直面した時、
環境に関する体系的なスキャニングや慎重な長期計画の準備、代替案の詳細
な分析を断念する経営者はかんばしくない経済的結果を被るだろう」（Priem,
et al.［1995］、p.927）ということである。このことは、重要でない示唆とはい
えないが、より具体的なインプリケーションが理論的にも実践的にも求めら
れているように考えられる。それゆえ実践の場において、意思決定の主体は
何をしているのかについて考察することが本章の課題である。

　「シニアエグゼクティブは戦略的意思決定プロセスにおける意思決定者や
行為者であるだけでなくこれらの意思決定やアクションを形作る組織コンテ
クストの設計者であり管理者である」（Chakravarthy & White［2002］、p.198）こ

とを前提に、本章では、戦略的意思決定プロセス研究における上述のコンティンジェンシー・アプローチ以外の諸アプローチを「戦略的選択アプローチ」・「社会的相互作用アプローチ」・「アクティビティ・ベースト・アプローチ」に分類し、それぞれを検討することとする。

　第1節では、戦略的選択アプローチについて検討する。組織のあり方が環境条件に依存するのではなく、戦略的選択が同じ環境下でも多様な組織構造の存在を可能にするととらえ、戦略的選択が組織の重要な変種（variation）に直接的な影響を及ぼすことを明らかにした諸研究について考察し、それらの見解の戦略的意思決定プロセスへの援用を試みる。とくに、構造上の配置と組織デザインを含む戦略選択について論じた Child（1972）および、戦略と構造、プロセスの関係を吟味し、一定の環境下でのいくつかの複雑な戦略的コンフィギュレーションと構造的コンフィギュレーションとの間の機能的なリンケージを提示している Miller（1986）などの見解を考察する。

　第2節では、社会的相互作用アプローチについて検討する。ここでは、Mintzberg, et al.（1976）、Burgelman（1988）らの意思決定プロセスの構造を生成することとかかわる諸研究について考察し、さらに、社会全般から個別集団までを相互作用の過程としてとらえている Blumer（1969）のシンボリック相互作用論および、シンボリック相互作用論の視点を包含しつつ、機械的モデルないし有機体的モデルと区別される社会−文化的モデルを構造洗練的で構造変動的（structure-elaboration and changing）なものであるととらえる Buckley（1967）について考察し、それらの戦略的意思決定プロセス設計への示唆について明らかにする。

　第3節では、「実践としての戦略」という比較的新しい分野におけるアクティビティ・ベースト・アプローチについて検討する。ここでは、Johnson, et al.（2003）、Jarzabkowski, et al.（2007）の見解を考察しつつ、戦略的意思決定プロセスにおける意思決定者のアクションとテクニック等のミクロな活動について検討する。

第1節　戦略的選択アプローチ

　Child（1972）は、コンティンジェンシー・アプローチが示す環境に従った構造決定論的見解について、戦略的選択の問題を提示することで批判的に論じている。かれは、環境条件ではなく、戦略的選択が同じ環境下でも多様な組織構造の存在を可能にするととらえ、戦略的選択が組織の重要な変種（variation）に直接的な影響を及ぼすと述べている。

　戦略的選択においてはまず、資源提供者に何が期待されているのか、環境のトレンドは何か、組織の現在のパフォーマンスはどうか、現在の内的コンフィギュレーションの適応性はどうか、等々に関する評価のステップがあり、この評価から目的や目標の選択が導かれ、そしてこの目的などが「戦略的アクション」に影響を及ぼすというのである。ここでいう戦略的アクションとは、外部変数とのかかわりでみれば、望まれる需要や対応に努め、それを安定的にするために活動する市場や領域に退出あるいは参入する動きであり、内部変数とのかかわりでみれば、内的に一貫性があり、かつ計画されたオペレーションの規模や性質と一致する人員や技術、構造上の配置（arrangement）などのコンフィギュレーションを構築することである。このように戦略的選択とは構造上の配置と組織デザインの探索を含むものであるとChildはとらえているのである。

　このような指摘は、コンティンジェンシー要因と戦略的意思決定プロセスとの適合関係を解明しようとする前述の諸研究に対してもあてはめることができる。つまり戦略的意思決定プロセスはコンティンジェンシー要因との一義的な適合関係によって決定されるものではなく、どのようなプロセスを採用するのかという戦略的選択の問題である。さらに、たとえば、組織構造の戦略的選択よりも戦略的意思決定プロセスの選択問題はより流動性、一過性、即時性、一時性、多様性が高いということを指摘しておきたい。なぜなら、すでに本書で指摘してきたように、組織構造に比べ意思決定プロセスに多様なパターンが認められており、一般的に非常に変動的でまた選択の余地があ

ると考えることができるからである。それゆえ唯一最善のプロセスがないだけでなく、環境に従って一義的に採用されるプロセスもなく、それゆえ意思決定者による選択の裁量範囲は非常に広いと考えられる。

　以下では、戦略的意思決定プロセスの形成という問題と関連する組織のコンフィギュレーションに関する研究からの示唆について考察する。

　このコンフィギュレーションに関連して、Miller（1986）は、戦略と構造、プロセスの関係を吟味し、一定の環境下でのいくつかの複雑な戦略的コンフィギュレーションと構造的コンフィギュレーションとの間の機能的なリンケージを提示している。

　ここでいうコンフィギュレーションとは、ゲシュタルト、アーキタイプ、あるいは一般的タイプと同義であり、Miller によれば、「相互に支え合う諸要素の緊密な配置（tight constellations）からなる」（p.236）。かれは、構造と環境、戦略におけるよりミクロな諸要素間のコンフィギュレーションを示し、構造と環境、戦略との間の適合問題について論じている（表8-1参照）。

　この表で示されているように、Miller は、ある環境下で適した組織構造のあり方あるいは、ある構造や環境を所与とすれば、それに適した戦略が導き出されると考えているようである。たとえば、「単純構造は、すべての環境や産業に適しているわけではない」（p.241）し、また「…単純構造は一般的に、ニッチあるいはマーケティング差別化戦略を追求しなければならない」（p.243）と述べられている。

　このようにみると、Miller のコンフィギュレーションに関する議論において、Child のいう環境選択・操作および組織デザインの幅は、いわば組織慣性や環境などによって、限定されているととらえていると考えられる。Miller（1996）において初期のコンフィギュレーション研究は再考されているが、そこでも「もちろんコンフィギュレーションの適切性は組織の環境に依存する」（p.511）と明確に述べられている。このことは戦略の環境的および構造的決定論として位置づけられるであろう。それゆえ「組織主体を十分に論じきれていない」（高橋［1998］、129ページ）のであり、コンティンジェンシー・アプローチ批判において、Child により指摘されていた組織主体の認識の問

表 8-1　構造と環境、戦略の適合

	単純なニッチマーケター	機械的コストリーダー	革新的アドホクラシー	多角化したコングロマリット
構造的次元	単純構造	機械的官僚制的構造	有機的構造	多角的構造
権力の集中	すべてトップ	CEOと業務の設計者	科学者、技術者、中間管理者	事業部門のエグゼクティブ
官僚化	低度で非公式的	多くの公式なルール、政策、手順	有機的	官僚的
専門化	低	高	高	高
分化	最小	並	非常に高い	高
統合と調整の努力	直接指示	公式的手順にもとづき専門家による	相互調整にもとづき人員やタスクフォースの統合による	計画や予算にもとづき公式的な委員会による
情報システム	未熟、非公式的	コストコントロールと予算	情報スキャニング、オープンなコミュニケーション	マネジメント情報システムとプロフィットセンター
環境的次元				
技術	単純、オーダーメード	大量生産、大バッチ／ライン	洗練された製品、自動化あるいはオーダーメード	多様
競争	急進的	高	並	多様
ダイナミズム／不確実性	並	非常に低い	非常に高い	多様
成長	多様	遅い	急速	多様
集中度	並	高	多様	多様
参入障壁	無し	規模	知識	多様
好まれる戦略	ニッチ、差別化	コストリーダーシップ	革新的差別化	コングロマリット
重視されるマーケティング	品質、サービス、便利さ	低価格	新製品、高品質	イメージ
重視される製造	経済性	効率	柔軟性	垂直的統合
イノベーションと研究開発	わずか	ほとんど無し	非常に高い	並より低い
製品-市場範囲	非常に狭い	平均的	平均的	非常に広い

Miller（1986）、p.242 より修正引用

題は、また捨象されていることは指摘されなければならない。高橋（2005）は、「社会科学としての組織論を考えるとき…、組織のあり方を決定するのは単なる組織構成変数間の全体的関係ではなく、社会構成体として、認知や深層的心理といった組織メンバーの組織についての認識や認知枠組み、さらに文化的シンボリックな側面と意味の問題、そして何よりも環境の概念を再検討することを考察しなければ十分とはいえない」（127ページ）として、組織のコンフィギュレーションを考察する際の組織の主体性を認知的側面や文化的側面にまで掘り下げて考える必要性を指摘している。

　本書は組織全体を取り扱うことが目的ではないが、すでに指摘したように戦略的意思決定プロセスの選択・設計・修正において、これらの組織主体の問題は重要な課題であるととらえている。

　上述のような限界はあるにせよ、Miller（1996）のコンフィギュレーション研究が示す「諸要素間のフィットや中心的主題により包含される諸要素や諸部分の範囲」などの問題は、戦略的意思決定プロセスの設計において考慮されるべき重要な概念であると考えられる。つまり戦略的意思決定プロセスにおける「コンフィギュレーションの属性」は、このプロセスの選択・設計・修正において念頭におくべき重要な構成要素であるととらえられるのである。

　以上のような戦略的選択およびコンフィギュレーションに関する研究は、構造を決定する上で（環境ではなく）意思決定者の主体性や創造をデザインする上での諸要素間のフィットとしてのコンフィギュレーションを明らかにしている一方で、どのようなプロセスによって戦略的意思決定プロセスが創造されるかについて詳細に述べられているわけではない。このようなことから次節では、戦略的意思決定プロセスを社会的相互作用のプロセスととらえ、構造の生成について論じた諸研究について考察することとする。

第2節　社会的相互作用アプローチ

　すでに述べたようにMintzberg, et al.（1976）は、25の戦略的意思決定を

調査し、識別 (identification) フェーズ、開発 (development) フェーズ、選択 (selection) フェーズからなる3つの主要なフェーズと、そこに含まれるサポート・ルーティンのセットを明らかにし、「ダイナミックな要因」により社会的相互作用のプロセスについて記述している。ダイナミックな要因 (p.263) には、環境諸力に起因する「中断 (interrupts)」、意思決定者により影響を受ける「スケジュールの遅れ (scheduling delays)」、「タイミングの遅れとスピードアップ (timing delays and speedups)」、意思決定自体に付随する「フィードバックの遅れ (feedback delays)」、「包括サイクル (comprehension cycles)」、「失敗のリサイクル (failure recycles)」などの6つの要因があり、さまざまな形で相互作用しながら戦略的意思決定プロセスに影響するのである。

　また Burgelman (1988) は、創発ステージにおける戦略決定を管理者のアクションと認知が本質的に織り合わさった (intrinsically intertwined) 社会的学習プロセスとしてとらえ、多様な管理階層における個々人の戦略的意思決定やその解釈がいかにして組織レベルの戦略の構築に結びつくのかについて考察し、ベンチャーレベルの戦略が形成するプロセスとそれが全社的な戦略へ統合するステージ設定にかかわるプロセスの管理者のアクションと認知の相互作用を明らかにしている。

　以上のような研究をはじめとして、戦略的意思決定プロセスを相互作用プロセスととらえる見解があるが、以下では、より抽象的なレベルで、意思決定プロセスの構造を生成することに関連する諸研究について考察する。

　Blumer (1969) によれば、シンボリック相互作用論は、社会全般から個別集団までを相互作用の過程としてとらえている。シンボリック相互作用という用語は、人間がお互いの行為に対して単純に反作用するのではなく、他者の行為を解釈し、または定義しているという相互作用の独自性を表しているものであり、シンボルの使用、解釈、または他者の行為の意味の推定によって、人間の相互作用は媒介されているのである (p.78-79、訳102ページ)。そして人間社会における諸個人の「社会的行為は、解釈の過程を通して各自の行為を相互に適合させ合う、行為している個人の中に位置づけられる」(p.84、訳109ページ) のである。この立場からすれば、「社会組織とは、活動単位が

その内部で行為を作り出すための枠組みである。『文化』、『社会システム』、『社会成層』、『社会的役割』といった構造特性は、行為の条件を設定してもそれを決定しない。人間、つまり活動単位は、文化や社会構造などに対して行為するのではない。かれらは状況に向けて行為するのである」（p.87、訳113ページ）ととらえられるのである。

　Buckley（1967）はこのようなシンボリック相互作用論の視点を包含しつつ、機械的モデルないし有機体的モデルと区別される社会-文化的モデルについて「本来的に構造洗練的で構造変動的（structure-elaboration and changing）なものであるという基本的な洞察」（p.18、訳22ページ）を導きながら、このような「システムの所与の形態、構造、状態が洗練され、変化していく諸過程を指す」（p.58、訳74ページ）言葉として、「構造生成（morphogenesis）」という用語を用いている。そこでは、「相互作用する人々や集団が一体どのようにして状況を定義し、評定し、解釈し、理解し、そして行為するのか」（p.23、訳29ページ）という基本的な問題があり、社会-文化的モデルを個人や集団間の相互作用によって多様な形で生成されるものであるととらえられているのである。このことは、ある状態へ到達する多様なルートがあることと関連する「等結果性」を超えた「多結果性」とよぶべき原理が働いているのである。いいかえれば、社会組織は、制度や文化などの構造特性によって決定されるのではなく、個人や集団の相互作用によって創出されているのである。

　このことからプロセスを分類モデル化することは一定の限界をもっていると考えられる。つまりプロセスのモデル化は、ある典型的な様式を示すものではあっても、ここに至る過程について、いいかえれば、どのようにプロセスを形成するのかについては何も示唆しないのである。さらにいえば、モデル先行ではなく、社会的相互作用の結果がモデルであると考えるべきであろう。しかしながらこのような視点だけでは不十分である。このような視点は他方で、プロセス創出をいわば自己生成的なものであるととらえており、そこで意思決定主体の役割は取り扱われていない。戦略的意思決定プロセスがどのようにしてデザインされるべきであるかということを明らかにするためには、意思決定主体がこのプロセスをどのように組織化するかが問われなけ

ればならないと考える。それゆえ本研究では、「戦略化」・「組織化」などの考え方に意思決定者の役割を包含した理論を提示する。

　Weick（1979）によれば（訳8ページ）、組織を理解しようとするなら、組織について記述する際に、名詞を根絶すべきで、代わりに動詞や動名詞（あるいは進行形）を使用することで組織現象を過程として理解する必要がある。そしてこの過程を構成するものは、絶えず変化する相互に関与する個々人の利害であり活動である。このような過程というイメージにマッチするように組織化をつぎのように定義している。組織化とは、「社会的相互作用という営みを順序良く結びつけるためのレシピの集合」（訳58ページ）である。ここでいうレシピ（処方箋あるいは処理法）は、イナクトメント[注1]、淘汰、保持という3つの過程からなっている。そして「組織化とは意識的な相互連結行動によって多義性を削減するのに妥当と皆が思う文法と定義される」（訳4ページ）。

　Johnson, et al.（2007）は、Latour（2005）が指摘したように、社会現象を絶えざる生成過程としてとらえながら、「現象が生き続けるための実践家のスキル、コツ、偶然的な出来事などを明らかにすることが研究対象となる」（訳60ページ）と主張している。

　次節では、戦略化・組織化という観点から「実践としての戦略」に関する見解を考察し、戦略的意思決定プロセスの組織化の問題について検討する。

第3節　アクティビティ・ベースト・アプローチ

1. 実践としての戦略

　「実践としての戦略（strategy as practice）」にかかわる諸研究は、ミクロレベルで戦略を考察しようとする試みであり、そこでは「戦略の構成やイナクトメントにおける人間的エージェンシーを理解するためには、戦略実践者のアクションや相互作用に関する研究に再び焦点を当てることが必要である」（Jarzabkowski, et al.［2007］、p.6）とされている。このような研究は、本書で示

した意思決定者の洞察力やアクション、あるいはそれらの相互作用という問題と密接にかかわるものであるととらえることができる。

　この分野では、たとえば、

・戦略とは何か？

・戦略家とはだれなのか？

・戦略家は何をしているのか？

・戦略家の分析とそれを行うことは何を説明するのか？

・既存の組織や社会の理論は実践としての戦略の分析にいかにして知識をもたらすのか？

などについて伝統的な戦略論よりも深くミクロな事柄を問うのである。

（Jarzabkowski, et al.［2007］、p.7）

　この分野で戦略は「状況化され社会的に成し遂げられた活動として概念化され」(p.7)、戦略化は「行為者のアクションや相互作用、交渉および、行為者が活動を成し遂げる際にもたらしたある状態の実践からなる」(pp.7-8) ものと定義づけられている。この分野において、戦略家の諸活動（activity）に焦点を当て、戦略家を考察しようとするアクティビティ・ベースト・アプローチがある。具体的には以下の図 8-1 のように示される（p.11）。

　また Johnson, <i>et al.</i>（2003）は、「実践パースペクティブは位置づけられた具体的な活動に関心がある」(p.119) という観点から考察し、戦略化と組織化という研究領域に関連して、以下のような 6 つの研究問題を提示している。

　①戦略化と組織化という作業は実際にはどのようにいつなされているのか、②誰が戦略化と組織化のフォーマルな作業を行い、③それらはどのように成し遂げられるのか、④戦略化と組織化の作業に求められるスキルは何であり、それらはどのように獲得されるのか、⑤戦略化と組織化の作業の共通するツールやテクニックは何であり、それらはどのように活用されるのか、⑥戦略化と組織化の作業はそれ自体どのように組織化されるのか、戦略化と組織化の産物はどのように伝達され費消されるのか、などである（pp.119-121）。

　つまり組織において、制度化・慣習化、スキル、ツール・テクニック、組

図 8-1　戦略家のアクティビティとは何か？

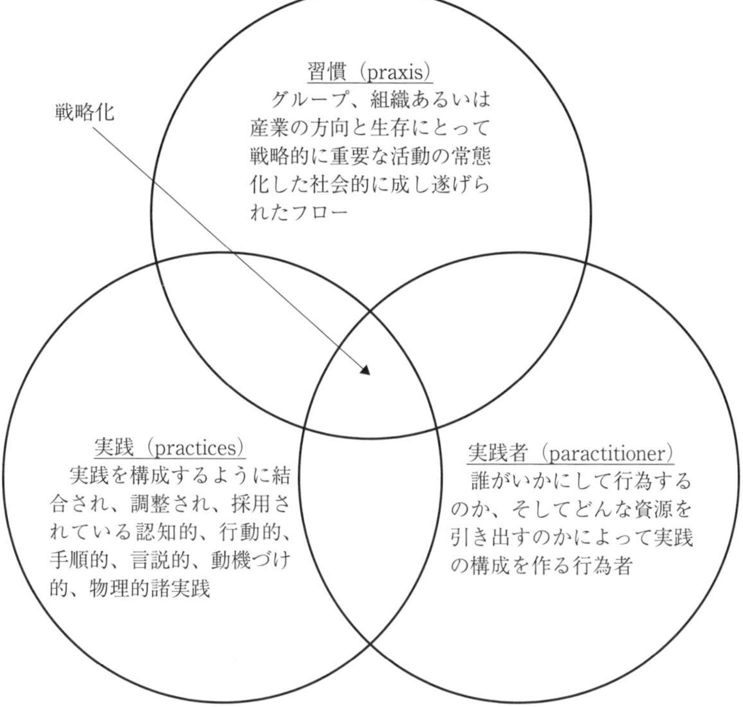

戦略化

習慣（praxis）
グループ、組織あるいは
産業の方向と生存にとって
戦略的に重要な活動の常態
化した社会的に成し遂げら
れたフロー

実践（practices）
実践を構成するように結
合され、調整され、採用さ
れている認知的、行動的、
手順的、言説的、動機づけ
的、物理的諸実践

実践者（paractitioner）
誰がいかにして行為する
のか、そしてどんな資源を
引き出すのかによって実践
の構成を作る行為者

Jarzabkowski, *et al.*（2007）、p.11 より修正引用

織化・設計、伝達、等々がどのように実践されているのかに関心をもつもの
である。このアクティビティ・ベースト・アプローチは、ミクロな諸活動に
かかわる実践の分析を通じて戦略的決定プロセスの分析にも少なからぬ示唆
を提供できる可能性をもつアプローチであると位置づけることができるであ
ろう。
　次節では、これらのようなアプローチにもとづき研究を行っていると位置
づけられる諸研究について考察する。

2.　ミクロの諸活動に焦点を当てた諸研究の考察

Bourgeois & Eisenhardt（1988）と Eisenhardt（1989）は、帰納的な事例研

究を使用したアプローチによって、戦略的意思決定プロセスと企業がおかれた環境との間の適合について検討している。かれらは急速に変化する環境の下でマイクロコンピュータ産業における4つの企業の戦略的意思決定を調査して、Mintzberg（1973）、Fredrickson（1984）などの示唆する先述した研究見解と矛盾するいくつかの命題を提示している。かれらは、調査した企業が計画を立てるために、どのように産業、競争者、標的市場、企業の強さと弱さ、そして選択肢を分析しているのか、また、いかにしてCEOが革新的で危険な決定をするのか、さらにいかにしてグランド戦略を設定するのか、等々を明らかにしようとしている。

　Eisenhardt（1989）の命題は以下のように示される。

命題1：リアルタイムの情報の利用が多ければ多いほど、戦略的意思決定のスピードが増す。
命題2：同時に考察される代替案の数が多ければ多いほど、戦略的意思決定のスピードは増す。
命題3：経験豊かなカウンセラーを活用すればするほど、戦略的意思決定のスピードが増す。
命題4：積極的なコンフリクトの解決を活用すればするほど、戦略的意思決定のスピードが増す。
命題5：意思決定間の統合がなされればなされるほど、戦略的意思決定のスピードが増す。

　Eisenhardt（1989）は、キーとなる媒介プロセスについて指摘している：加速した認識処理、円滑なグループ・プロセス、行動への信頼である。これらのカギとなるプロセスは、決定速度を媒介しており、また一連の命題と対応している。エグゼクティブの加速した認知処理は命題1、2、3、5と、円滑なグループ・プロセスは命題1、3、4と、行動への信頼は命題2、3、5とそれぞれ対応している（Eisenhardt［1989］、p.571）。かれらは、これらの分析にもとづき、急速に変化する高い不確実性の下では合理的な意思決定が効果

的であると結論づけている。

　Regnér（2003）は、いかにマネジャーが実践において戦略を創造し開発するのかについて吟味して、周辺とセンターでまったく異なる戦略活動を示している。

　かれが示す周辺における戦略的な活動の重要な特徴は、（1）いかにマネジャーが戦略について情報収集をするのかという戦略と知識同化活動（knowledge assimilation activities）は、外部の多くのアクターに向けられていた、（2）戦略活動は、戦略的な問題に関して探索的な（explorative）な質問にもとづいていた、（3）（2）の特徴と関連して、戦略的な問題あるいは、推論とセンスメーキングをする特性を知る方法が新しい観察や経験にもとづいており、新しい戦略解釈について時間をかけて行ったことであり、（4）推察が新しい観察と経験や、より機能的なセンスメーキングにもとづいていたことだった（pp.67-70）。

　周辺における戦略的な活動のこれらの特徴の詳細は、以下の通りである。

　調査した企業のマネジャーは、産業コンサルタント、競争者、顧客、供給元などへ向かっており、ここにはまったく異なる産業やコンテクストが含まれる。そして、かれらは新技術、新しい市場と新しい地理的市場を厳密に調べ取り込んだ。マネジャーはまた、戦略的な問題について知り学ぶために、実験と手続き的な方法を用いて探索的な質問をした。また新しい観察と経験にもとづき、試行錯誤や非公式の質問、ヒューリスティックス等々を活用し新しい戦略解釈を生み出していた。かれらはスタートから解釈のための確立したパターンや構造をもたなかったので、新しい観察と経験またはより帰納的なセンスメーキングにもとづき、知識構造構築に奮闘していた。

　また、Regnér（2003）によれば、周辺と対照的に、センターのマネジャーは産業と開拓に焦点を当て、既存の共有知識構造を使用して既存の戦略を改善した。

　かれは、多様な経営セッティング（周辺とセンター）にもとづく戦略的意思決定プロセスの2つの異なる特徴を示し、そして、「一般に、帰納的で探索的な戦略アクションは、曖昧さと複雑さによって特徴づけられる戦略コンテ

クストにおいて演繹的で開拓的なものよりも適用可能性が高く、逆もまた真である」(p.79) と結論づけている。

Bourgeois & Eisenhardt（1988）と Eisenhardt（1989）および Regnér（2003）らの諸研究には、意思決定主体のミクロな諸活動に注目するという共通点がある一方で、Eisenhardt らはプロセスの二分法を批判的にとらえているが、Regnér は二分法にもとづく明確なプロセスを明らかにしているという相違点がある。

Bourgeois & Eisenhardt（1988）、Eisenhardt（1989）は、合理的なプロセスか漸進的なプロセスのどちらが急速に変化する環境下で適切かについて調査し、Mintzberg（1973）、Fredrickson（1984）、Fredrickson & Mitchell（1984）等々の諸見解と対照的に、急速に変化する環境下において、つまり高い不確実性の下では、合理的な意思決定が効果的であると結論づけている。彼女らが慎重に計画し速く動くというようなパラドックスを克服する決定プロセスのコンフィギュレーションを提案していることは重要である。このことは、マネジャーが、精巧に決定プロセスのコンフィギュレーションを設計することによって、両立しない事柄に一貫性をもたらし二分法を克服させることができることを示唆するものであり、また少なくとも、戦略的意思決定プロセスのいろいろなコンフィギュレーションがあるということを示すものであるためである。

しかしながら、Regnér（2003）は、2つの意思決定プロセスのはっきりした違いを明確に示している。かれのケースは、戦略と知識同化活動、センスメーキング、知識構造について、2つの異なる階層的な場所で、明確な違いを観察しているのである。

たとえば、かれが指摘しているように、センターのマネジャーの活動と対照的に、周辺のマネジャーは、戦略と知識同化活動を「産業コンサルタント、競争者、顧客などの方へ、特に、まったく異なる産業とコンテクストにおける類似したアクターへ」(p.67) 向けている。さらに、周辺のマネジャーと対照的に、センターのマネジャーは、かれらの戦略と知識同化活動を既存の組織と産業に限定していた。問題は、これらの違いが「彼らの固有の戦略活

動」（Regnér［2003］、p.66）に起因するのかどうかであり、またこの固有の活動がある特定の階層的な場所に位置するマネジャーの役割に必然的に付随するものであるのかどうかである。それは固有のものでなく、かれが研究で考察した対象における一つのケースにすぎない可能性がある。トップ・マネジメントに関する諸文献において、Regnérによって記述された周辺のマネジャーのようにトップ・マネジメントが活動したケースを確認できる可能性もあろう。

　本書で考察した諸研究においても、たとえば、Bourgeois & Eisenhardt (1988)、Eisenhardt (1989) は、リアルタイムの情報を集めるために、トップ階層に位置するマネジャーがどれくらい頻繁に会議や対面コミュニケーションで、または電子メールを活用し、多くのマネジャーにコンタクトをとるかについて記述している。Regnér (2003) によって記述された外部の人々と接触する周辺のマネジャーと違って、かれらは内部の人々である。しかしながら、指摘すべきは、内部の人材との接触の目的が開拓ではなく探索であるということである。この点に加えて、Bourgeois & Eisenhardt (1988)、Eisenhardt (1989) が述べたように、成功したCEOは他の企業で働き、そして、カウンセラーとして、最も経験がある経営陣を抱えていた。かれらは現在内部の人材であるが、他の企業で働いた経験が探索のためのアドバイスを可能にしているのではなかろうか。さらにトップ・マネジメントに関する多くの文献において、探索のために外部の人材にコンタクトをとるマネジャーを見つけることは容易であろう。一般的に、探索的な活動は周辺のマネジャー固有のものではなく、Regnér (2003) のケースにおいて、周辺のマネジャー固有のものであるということが観察されたということは特殊ケースであるとも考えられるのである。

　高い不確実性下における探索のために、マネジャーは（周辺であれセンターであれ）、創発型のプロセスを採用するかもしれないが、可能な限り多くの情報を収集するには多様な方法があることをこれらの諸研究は示唆しているのである。さらに、これらの多くの活動を理解することが意思決定者の重要な仕事であることを示している。

小　　括

　これらの諸研究は、戦略的意思決定プロセス研究における重要な視点を提供している。つまりミクロなアクティビティに研究の焦点を当てながら、従来のマクロなモデルの分析を行ってきた諸研究がとらえきれない多様な実践と視点を提供しているのである。それゆえ、戦略的意思決定プロセスの設計のための従来のものとは違ったフレームワークないし処方箋を提供する可能性をもつアプローチであると考えられる。

　次章ではこのアプローチにもとづき戦略的意思決定プロセスを考察するための方向性を明らかにする。

注1　「組織化にとってのイナクトメントは、自然淘汰における変異に当たる。
　　…組織メンバーが（自らをやがて拘束する）環境を創造する上で果たしている
　　（とわれわれが思っている）積極的な役割をイナクトメントという言葉がとらえ
　　ている…」（Weick［1979］、訳169ページ）。
　　　イナクトメント（enactment）は直訳すると、「法やルールを制定する」とい
　　う意味である。ここでは、自らの行為を後に制約する環境を創造することと
　　とらえることができる。

第 9 章

戦略的意思決定プロセスの組織化の
ための基本原理の探究

はじめに

　本章では、アクティビティ・ベースト・アプローチにもとづき戦略的意思決定プロセスを組織化するための理論的実践的考察を行う。

　そのためには第一に、これまで考察してきたプロセスのモデル化にもとづく諸研究の限界を念頭におくべきである。これらの研究は、確かに一種のマイルストーンとなるモデルを類型化し、その活用について明らかにしてきたが、そこではコンティンジェンシー要因を考慮した適切なモデルの「選択」という点を重視し、そもそもそれらのモデルが「いかに設計されるのか」について詳細には論じてこなかったと考えられる。このコンティンジェンシー要因について環境要因だけではなく多様な要因が論じられてきたが、たとえば、本研究で考察した、どのような決定をしたいのかにかかわる意思決定特質に適したプロセスを明らかにしようとする研究においても、あくまでも適切なモデルの「選択」を重視している。

　第二に、戦略的意思決定プロセス設計の裁量幅は、組織構造の決定などよりも流動性、一過性、即時性、一時性、多様性が高いということを認識する必要がある。Mintzberg, *et al.*（1976）は、戦略的意思決定プロセスを「非構造化された（unstructured）」プロセスととらえて、「非構造化された」とは、まったく同じ形式に遭遇することがなく、組織における事前に決定され明示化された秩序立った対応が存在しない意思決定プロセスであると述べ、このことは、戦略的意思決定プロセスが新規性、複雑性、変更可能性（open-endedness）によって特徴づけられることを示唆していると主張している。構造洗練的で構造変動的な過程によって創出される「構造生成」という視点を

取り入れなければならない。

　第三に、以上のことを顧慮しつつ、戦略的意思決定プロセスを設計するための理論が必要であるということである。そこでは、ミクロで多様なアクティビティが相互作用するものであることを前提とし、それらをいかに意思決定主体が状況に応じて組織化するのかが明らかにされなければならないのである。以上のような観点から、前章では戦略的意思決定プロセスをミクロレベルでとらえ、意思決定者のアクションや相互作用に焦点を当てたアクティビティ・ベースト・アプローチについて考察した。

　本章では、このアプローチが注目しているプロセスの組織化のために重要である「レパートリー・ビルディング」および「即興」という2つの概念を考察しながら、意思決定主体のアクションおよびテクニック、スキルなどを含むアクティビティについて理論的に実践的に活用可能なものにするための基本原理を模索する。

　これまで意思決定主体のスキルやテクニック、能力などを含む諸行為からなるミクロのアクティビティについての考察が重要であると論じてきた。そうであるならば、プロセスの組織化のためには、まずどのようなアクティビティが存在するのか（レパートリー・ビルディング）、つぎにそれらはどのように活用されているのか（即興）が探究されなければならないと考えられる。

　本章では、それらスキル・能力を含むミクロの諸活動を体系的に理解するための理論的背景としてのSchön（1983）の「レパートリー・ビルディング」および「実践としての戦略」にかかわる諸研究などですでに指摘されている「即興」などの概念を考察し、それらの概念にもとづきこれまでの章で考察してきた意思決定主体のアクション・テクニック・スキルなどを含む「アクティビティ」について実践的に理論的に体系化を試みる。

第1節　戦略的意思決定プロセスの組織化とかかわる 「レパートリー・ビルディング」という概念

　構造洗練という視点と同様の観点から、Liedtka（2000）は、「計画プロセ

スのジェネレイティブ・モデル（generative model of planning process）」を提示している。

このモデルには、認知ループと行動ループ（the cognitive loop and the behavioral loop）が含まれる。ここでいう認知ループはバーチャルな世界で将来をデザインするプロセスであり、成功的な認知プロセスは広範に参加的で会話ベースでなければならない（p.198）。行動ループは、物理的世界での変化を成し遂げるために、新しい能力を開発するプロセスである。両者は、多面的な可能性を予想することとその中の最も魅力的なものに従って行動することの繰り返されるサイクルを描く。このサイクルを維持するために不可欠なものが伝統的な計画プロセスに欠如していたと考えられる戦略思考と、すでに備わっていたと考えられる戦略プログラミング・アクティビティである（p.201）。Liedtka はこの戦略思考を含めスキルやリーダーシップについて論じている。

このようなジェネレイティブ・モデルには、①コンフリクト解決、②戦略的代替案の生成、③その評価という 3 つの強化されたスキルセットの開発が求められる（p.201）。そして、成功的なプロセスは広範に参加的でダイアローグベース（participative and dialogue-based）でなければならないとされている。そして、仮説の生成・評価プロセスは、対話と弁証（the dialogic and dialectic）の結合および探究と支援（inquiry and advocacy）の結合を通じて成し遂げられなければならないとされている。

Liedtka（2000）はまた、Schön（1983）が提示した基本ツールとテクニックのリテラシーを得ることのできるレパートリー・ビルディング（repertoire building）というプロフェッショナルのトレーニングとかかわる概念（たとえば、建築分野における若いデザイナーのトレーニング等）を戦略計画プロセスに援用している。彼女は、マネジメントにおける「レパートリー・ビルディングの目的は、マネジャーに有用なテクニックを身に付けさせ、それから状況に適した所与のテクニックを自由に選ぶということである」（p.202）とし、このテクニックにツールやフレームワーク、スキル等々を含めている。彼女はまたリーダーのあり方として、戦略思考者であるだけではなく、すべての組織メ

ンバーの戦略思考スキルの助力者であり開発者（the enablers and developers）
であることを提案している。さらに、彼女は、「広範に参加的で対話ベース
であること」、「包括的なオプション、自由な選択、正しい仕様」、「戦略コン
テント形成においてと同様に、プロセス形成においても試行錯誤を」、「スキ
ルが重要」などを主張している。

　本節では、「レパートリー・ビルディング」のための（スキルやテクニック
等々を含む）アクティビティの実例を、これまで考察してきた研究からいく
つか抽出することとする。

　Langley（1991）によれば、「…情報探索することが、公式的分析の背後に
ある最も重要な目的の1つである…」（p.83）。Eisenhardt（1989）は、意思決
定の特質は重要であるが、エグゼクティブ間の繰り返しの相互作用のパター
ンがあり、それが意思決定の質ないし企業のパフォーマンスに影響すると述
べている。Regnér（2003）は、周辺またはセンターのマネジャーがどのよう
に企業の内外から情報を探すかについて述べている。これらの研究は、意図
的に広範に情報を集める方法の多くを示しており、創発あるいは偶然が意図
された方法に続いて起こることを示唆している。

　Regnér（2003）が示す戦略と知識同化活動とセンスメーキング、知識構造、
そして、Langley（1991）が明確にした分析の活用および役割と決定状況の構
造との関係すべては、マネジャーが意思決定プロセスを設計するとき、考慮
しなければならない重要な要件であろう。戦略的意思決定プロセスの設計の
ためには、これらの活動をいかに活用するのかが重要であり、このことはマ
ネジャーの思慮深い洞察を必要とすると考えられる。それゆえつぎに、戦略
的意思決定プロセスを設計するマネジャーの能力を検討すべきであろう。

　本節では、Langley、Eisenhardt と Regnér らの見解を示し融合させなが
ら、戦略的意思決定プロセスの分析のために重要であるマネジャーのいくつ
かの能力を提示することを試みる。とくに、戦略思考者としてのマネジャー
の能力を検討することにより、一見矛盾するプロセスを結合するための方法
を検討する。

　Eisenhardt（1989）は、合理的対創発的という「二分法の限界」を示唆し

ながら、「人々は部分的に合理的であるが、またその限界を補うために賢明な問題解決戦略に係わることができる」(p.573) としている。そして認識についてのこの見解に関連して、成功したマネジャーが熟達する２つの矛盾する特質の共存を論じている。マネジャーとは、「…『数字』の人として知られていて、そして、『M. B. A 以上』で、…『直観的』として、また『水平思考家』として記述され、そして、『ビジネスのすべてで最高の感覚』を持ちながら」(p.555)、「…頭の中で一度に多くを考察できる」(p.556) 人物である、としている。これらの研究は、プロセスの二分法を克服するために、マネジャーは矛盾する特質を処理する多くの能力に熟達しなければならないことを示唆しているのである。

つぎに、矛盾する特性の共存のためのマネジャーの特質を考察する。

Langley (1991) に従えば、公式的分析がより生産的であるか否かは、決定状況により依存しており、あるいはこれらの状況に対応していかに分析を活用するのかにかかっている。したがって、「これらの状況を診断することを学習し、資源を無駄にすることなく生産的である方法を見出すよう努めるべきである」(p.96)。ここでは、プロセスの二分法を克服するために、マネジャーは、公式的分析のような何らかの工夫 (device) を採用するかどうかにかかわる「状況を診断する能力」に熟達しなければならないことを示唆している。

前章で述べたように、Regnér (2003) は、３つの要素が戦略的意思決定プロセスを特徴づけることを述べている：戦略と知識同化活動、センスメーキング、知識構造である。戦略的意思決定プロセスを設計するマネジャーの能力に、これらの３つの要素は関係があるかもしれない。つまり、意思決定プロセスを設計することは、これらの３つの要素のコンフィギュレーションの創造に近いかもしれない。これらの要素と内容は、マネジャーが戦略的な決定プロセスを設計するためにどんな要因を考慮しなければならないかについて示すものであると考えられるだろう。このようにとらえるならば、彼女の研究は、マネジャーがそれらの３つの要素と内容のコンフィギュレーションを構成する能力に熟達しなければならないことを示唆しており、このことか

ら独自の効果的なコンフィギュレーションを構成することで競争優位を獲得できるということを指摘できる。これらの見解以外にもマネジャーが熟達すべき多くの能力があるだろうと考えられる。たとえば、マネジャーは、会議を活性化させる何らかの技巧または技術に対する関心をもつべきであろう。

　本節では、意思決定主体の多様なアクティビティについて考察したが、本書においてすでに指摘したように、意思決定主体のアクションやテクニックは多様である。

　重要なのは、これらのアクティビティが何のためにいかにして活用されるのか、さらにどのような文脈の中で活用され、それらはいかにコンフィギュレートされるのかということを明らかにすることである。そしてそれらがプロセス設計に際してのレパートリーとして理解されなければならない。

第2節　戦略的意思決定プロセスの組織化
##　　　　とかかわる「即興」という概念

　本節では、意思決定主体が戦略的意思決定プロセスをいかに組織化するのかを明らかにするため、「即興（improvisation）」モデルについて考察する。

　ジャズ演奏における即興について研究している Berliner（1994）によれば（p.492）、即興の定義に関して、自発的直観的性質のみを強調し、何もないところから何かを生み出すものであるという定義は不完全なものである。かれによれば、即興は、深い音楽的知識の基盤を身につけた思考者を拠り所としているのである。それによって生まれる音楽は、直観的であり知的なものであるとし、音楽家チャック・イスラエルのつぎのような言葉を引用している。「即興に際しての音楽上の意思決定は瞬時に行われているが、その決定の背後には、音楽上のすべての可能性を考慮した数時間、数週間、数か月、数年に及ぶ長期にわたる期間がある」。そしてこの引用に続けて、「理解度を増す絶え間ない圧力が即興者を高度に訓練された実践者にするのである」（p.494）と述べている。

　以上のような定義を顧慮するならば、即興という考え方は、企業の戦略

化・組織化について考察する際に援用できる概念であると考えることができるだろう。

すでに述べたように、即興モデルの考え方は、組織論・戦略論において近年注目を集めている「実践としての戦略 (strategy as practice)」、「戦略化 (strategizing)」、「アクティビティ・ベースト・ビュー (activity-based view)」などとよばれる新しい理論ベースの見解と関連するものである。

たとえば、Whittington (2003) は、戦略化および組織化に用いられる手段やテクニックに関連して、「われわれは、戦略的組織的テクノロジーの『活用』について一層知る必要があり、そしてそれらがその使用者が位置づける要請についておよび実践においてなされるうまい即興の範囲について評価する必要がある」(p.121) と指摘している。

Mangham & Pye (1991) は、解釈学的パースペクティブの視点から、「マネージングを行うこと」あるいは「組織化」は、即興を通して継続しているプロセスとしてとらえている。

かれらは、経営管理プロセスのマネージングを調整された努力を促進し維持することを求めるプロセスととらえ (p.4)、秩序が即興によるもので、この即興はパフォーマーによって影響され合う価値や信念の周辺にあるとしている (p.2)。つまり、「マネジャーが設定し維持している構造や手順は世界についての理解の反映であり対応をコントロールし流そうとする試みである」(p.36) ととらえている。日々の相互作用において、マネジャーは、鑑識眼のあるシステムを維持しあるいは、組織化を行うこと (doing of organizing) について受け取ったアイデアと影響し合う可能性がある価値と信念を反映した準備性を即興化していると、かれらは仮定しているのである (p.36)。そして組織化を行うことの多くは、即興の例証あるいはスクリプト (script：一連の手順) を通じて進行している事態であり、これらの活動の両方はつぎに、深く保持されている価値と信念の反映あるいは鑑識眼のあるシステムと関連する読解 (readings) と関係する。これらの読解、システム、準備性、価値、信念は、科学的管理を支えているものと類似しているものであり、それらは他のアプローチを反映しており、そして／あるいはそれらは個々人の経験と反省

の寄せ集めのようである。このような視点からかれらは、経営管理者をルールの学習者および追随者としてとらえるとともに、ルールの創造者および新規で価値のある芸術品の創造者としてとらえている（p.78）。つまり経営管理者が「統率（lcading）を創造的に行うことは、音楽を創造的に創作することあるいは絵画を創造的に描くことと同様に、コントロールされているが事前に決定されているものではない」（p.79：アンダーラインは筆者による）のである。

　以上のような Mangham & Pye（1991）の研究は、上級管理者の調整された仕事を促進し維持するための経営管理にかかわる問題を即興という視点からとらえたものである。

　Eisenhardt（1997）によれば、戦略的意思決定プロセスにおける「即興とは、行為者が適応的に革新的であることと効率的に指揮することの両方を行うやり方で組織化することである」（p.255）。

　つまり即興は、たとえば音楽演奏などにおいてみられる行為であり、一見複数の演奏者が自由奔放に楽器を演奏しているように感じるものである。しかしそこでは、演奏者はリアルタイムでお互いに多くのコミュニケーションをとっており、またごくわずかな特定のルールに従っているのである。奏でられる音楽に適応しながら全体的に統制がとれているのである。このことはこれらの演奏者の非常に高いスキルを必要としている。戦略的意思決定もまた非常に高いスキルをもつ組織メンバーによってなされるものであり、柔軟な適応と堅実な統制の両方を混ぜ合わせることが求められている。それゆえ「即興は戦略的選択についての思考に対する有用な新しいメタファーであるかもしれない」（p.257）のである。

　Brown & Eisenhardt（1998）は、柔軟すぎる「カオスの落とし穴」と硬直的すぎる「官僚的落とし穴」について述べ、それらを克服するための即興について論じている。

　カオスの落とし穴とは（pp.34-39、訳38-46ページ）、雑多なコミュニケーションや構造化不足、すべての規則を破ることなどであり、官僚的落とし穴とは（pp.40-45、訳46-53ページ）、ルートが制限されているコミュニケーションや構造化と手順の過多、すべての規則に従うことなどである。これら両方の落と

し穴を克服する即興は、「リアルタイムのコミュニケーション」や「変化に
適応する組織文化」、「セミストラクチャ（半構造化）」という３つの特徴をも
つ。

　かれらが調査したクルージング・コンピューティング社（仮名）では、こ
の３つの特徴がみられた（pp.47-54、訳56-64ページ）。まずそこには絶え間な
い変化を全社的に期待するという組織文化があった。そしてこれらの変化は
少数で単純だが厳密に定められた規則に従っていた。その規則は「優先順
位」、「期限」、「責任の所在」であり、ここではまた「何が構造化されていな
いか」を知ることが重要である。規則により構造化されているものはあるが、
業務プロセス全般はほとんど構造化されておらず、各部署においては、たと
えば時間調整や資源の選択、製品モデルの作成、顧客への対応、部門間のや
り取り、等々について、独自の仕事のやり方を自己組織的に見出していた。

　さらに同社では、マーケティングやエンジニアリング、オペレーションな
どのメンバーが中心となったチームによって、現地点で行われている業務に
集中したリアルタイムのコミュニケーションがあり、またそのグループの垣
根を超えたコミュニケーションや消費者やサプライヤーといった社外グルー
プとのコミュニケーションがとられている。同社ではコミュニケーションの
多くは公式的な会議で行われており、そこでは各プロジェクトが合同で参加し
ており、アイデアを共有する機会をもたらしている。

　このような即興という視点は、Brown & Eisenhardt（1998）や Weick（1998）
が指摘しているように、戦略的意思決定プロセスにおける二分法の問題点の
克服を可能にするともとらえることができる。Weick は、高い即興能力を
示すグループの特性を示しながら、二分法における選択の問題を割合と同時
性の問題として位置づけ、克服しようとしている。従来のモデルに従ってプ
ロセスを構築するならば、２つのモデルの同時的活用・および選択という視
点が必要であろう。本研究で論じてきた「即興」という概念を用いるならば、
即興的に選択もしくは同時的活用を行うということが実践に対するインプリ
ケーションとなる。この指摘を支持すると考えられる事例として、たとえば、
第７章で示したように、Burgelman（2002）によって明らかにされたインテ

ルの事例をあげることができる。

　DRAM が中核事業であったインテルが「ウェハ一枚当たりのマージンを最大化するというルール」に従って製造能力の配分を行うことにより、マイクロプロセッサの製品領域が拡大していく中、当時 CEO であったアンディ・グローブは、そのことが社内の戦略的意思決定プロセスに与える影響も認識しており、これまでのボトムアップ型の戦略策定プロセスをトップダウン型へと変更したのである。以前の長期戦略計画会議では、グループごとの独自の戦略を提案し、それらを組み合わせようとしていたが、それをトップダウンで戦略を指示する方向へ変更し、その指示が製品事業部の戦略を規定するフレームワークとなったのである。この事例では、プロセスの変更という形でトップダウン型とボトムアップ型のプロセスを状況に応じて選択しているのである。時系列的に全社をみれば、トップダウン型とボトムアップ型の同時的活用も確認できると想定される。

　本書の主張を顧慮して、トップダウン型であれボトムアップ型であれ、同じプロセスは二度となく、すべてが新規性を帯びていると考えるならば、Burgelman（2002）およびかれに示唆を提供したインテルの元 CEO であるグローブの見解には、何らかの補足が必要とされるのではなかろうか。つまり、かれらが行ったプロセスの変更には、トップダウン型であれボトムアップ型であれ、単なるどちらかの選択ではなく、たとえばトップダウン型に変更したとき、どのようなトップダウン型なのかについて「即興」的にデザインしているということである。この意味でかれらの見解には、前述したモデル先行という問題点があり、プロセスの「構造生成」という視点が欠けているということは指摘できよう。

　以上のように、「即興」という概念は、プロセスをデザインするための基本原理を明らかにするために活用されうる可能性を多分にもつものと考えることができる。

　高い即興能力をもつグループの特性として Weick（1998）は以下のような能力を提示している（p.552）。

（1）リアルタイムで行為すること（acting）のために計画（planning）と再検討

（rehearing）をあきらめる意欲

(2) 内部資源や手元にある資料についての十分に深まった理解

(3) 青写真や診断をともなわない熟練

(4) 潤色（embellishing）のための最小構造を明確にし合意することを可能に
　すること

(5) ルーティンの再構成と変更にオープンであること

(6) 継続する一連のアクションを引き出す豊富で意味のあるテーマ、断片あ
　るいはフレーズのセット

(7) 新規性を提示するためにこれまでの経験の部分的妥当性を認識する傾向

(8) 非ルーティン的な事柄をあつかうスキルへの高い信頼

(9) 同じようにコミットし即席で行う能力のある同僚の存在

(10) 他者のパフォーマンスへ注意を払うことと、互いに相互作用を維持し
　　続けるためまた興味を持つ可能性を設定するためにこの注意を構築する
　　ことに熟練すること

(11) 他者が即席で話す（extemporizing）ペースとテンポの維持を可能にする
　　こと

(12) 今ここで調整に焦点をあて記憶や予想によって注意散漫にならないこ
　　と

(13) 構造よりもプロセスを好み快適に感じること

　このような即興は、組織論における二分法を克服するものととらえられる。
Weick（1998）によれば、たとえば、コントロールとイノベーション、開拓（ex-
ploit）と探索（exploration）、ルーティンとノン・ルーティン、自動的と統制的、
などの二分法があるが、「…ほとんどの組織における問題は、（これらの間の
―筆者―）選択ではなく割合と同時性である。即興は、事前に構成されてい
るものと自発的なものとの混合である」（p.551）。それゆえ即興は、たとえば、
意図されたものと創発されたものを混合することを包含する緊張関係、およ
び一方を支持する単純化への強力な衝動、秩序がダイナミックな状況におけ
る適応を可能にする変異と保持の持続的でアンビバレントな混合という手段

によって成し遂げられる可能性、たとえ現在の問題が初期のリハーサルの時点で現在と厳密に一致しなくともそれらの問題に対処するために十分再検討された断片にたよるという習慣的な衝動、これまでの解決策から迅速に離れることを可能にする潤色（embellishment）のための資源として創発的な構造の活用、即興と編集の密接な類似性、独自の条件に対する即興の感受性、即興の成功のために不可欠な大量の実践、等々の属性をもつ（p.551）。

　以上、「即興」についての諸研究をみてきたが、そこでは、戦略化・組織化における即興とは何かについて、および実践のための能力について論じられているようである。しかしながら、即興を実践的に行うためにはより踏み込んだ研究が求められると考えられる。また本研究では、「即興」という用語がやや「即時的な対応」という観念を引き起こすリスクを抱えているように考えている。戦略的意思決定の実践において、即時的な対応が必要とされる状況は少なからずあるが、そのような状況だけでなく「熟考した対応」が可能な論理が必要ではなかろうか。このことから、本研究では、前述したBerliner（1994）の指摘（p.492）に従い、自発的直観的性質のみを強調し、何もないところから何かを生み出すものであるという即興の定義は不完全なものであるととらえ、即興は、プロフェッショナルの深い仕事上の知識・スキルの基盤を身につけた思考者を拠り所としている行為であるととらえる。

　このような即興とかかわる Feldman & Pentland（2003）の見解について考察しておきたい。かれらは、Latour（1986）の提示した指し示す（ostensive）と遂行的（performative）という識別に依拠しながら、組織ルーティンにおける「指し示す」局面と「遂行的」局面の二重性を指摘している。

　ここでいう指し示す局面は構造として、遂行的局面は特定のアクションとして、それぞれとらえられており、また「指し示す局面とは人々がルーティンの特定のパフォーマンスについてガイドし考慮し言及することを可能にし、遂行的局面とはルーティンの指し示す局面を創造し、維持し、修正する」（Feldman & Pentland［2003］、p.94）という局面であり、組織ルーティンはこの２つの局面をもつととらえられている。従来の理論においてルーティンは、プログラム、慣習、遺伝子というようなメタファーで定義づけられており、

「効率や正当性を最大化しコンフリクトを最小化あるいは抑圧するために、組織は仕事のプロセスを成し遂げるようルーティンを活用する」(p.99) とされてきた。しかしながらこのようなとらえ方では、ルーティンの慣性や非柔軟性を理解できてもダイナミックさを理解できないのである。つまりこのようなとらえ方では「エージェンシー（ルーティンを実行する人々）に関する考察が省略されている」(p.99) のである。そしてルーティンの実行において、多様なアクターがそれぞれ主観や解釈、パワーを持ち込み、集団的に相互依存的に他のアクターと相互作用するものであるととらえることにより、かれらは「組織ルーティンは本来的に内在的（endogenous）変化の可能性をもつ」(p.95) と述べている。さらにかれらは、「ルーティンの遂行的な局面は本来的に即興的なものとして最もうまく理解される」(p.102) として、「効果的な変異を即興的に行う能力は価値あるスキルである」(p.111) と指摘しているのである。

　このような見解は、すでに本書で指摘した点と多くの点で共通する見解であるととらえられる。

　本章の最後に、Langley (1989, 1991)、Bourgeois & Eisenhardt (1988) とEisenhardt (1989)、Regnér (2003) らの研究における二分法の克服について論じておく。端的にいえば、これらの研究者は、意思決定主体のスキルや能力による二分法の克服を示唆していると考えられる。

　意図されたタイプは、トップ・マネジメント主導、合理性、計画、分析、包括性、などによって特徴づけられる。対照的に、創発のタイプは、ミドルないしロワー・マネジメント主導、不合理、創発、直観力、無秩序、などによって特徴づけられる。2つの型の間には確かな違いがあり、各々のタイプで一つのコンフィギュレーションだけが存在することを、この分類は示唆する。

　本書では、理論的にも実践的にも、戦略的意思決定プロセスもまたプロセス決定者によって設計されるプロセスの多様なバリエーション（またはコンフィギュレーション）を検討する必要性についてすでに指摘した。さらにプロセスの詳細な具体的のバリエーションを示すよりも、それがどのように設計

されるかについて明らかにする必要があることを示唆した。そのために意思決定主体のスキルや能力・テクニックを含むアクティビティを明らかにしようと試みた。最後に、これらのアクティビティの分析は、本研究の主要な研究課題であった戦略的意思決定プロセスの二分法の克服にも貢献しうる点を指摘しておきたい。

Langley（1989, 1991）、Bourgeois & Eisenhardt（1988）と Eisenhardt（1989）は、組織の実践においてミクロ活動を調査しつつ戦略的意思決定プロセスの二分法をどのように克服することができるかについて、示唆を提供している初期の研究者である。他方で、これらの調査結果の 20 年以上後に、Regnér（2003）は、2 つの戦略的意思決定プロセスのはっきりした違いをみせている研究者である。

Langley（1989）は、公式的分析の 4 つの目的を記述する：情報、コミュニケーション、指揮と統制、シンボルである。Langley（1989, 1991）は公式的分析の目的と役割について調査し、組織においてそれらがいかに活用されているのかについて明らかにしている。そして、Langley（1991）は、「…必ずしも公式的分析法の広範囲な使用と意思決定の合理的な／包括的なモデルの採択の間になんらかの同価値性があるというわけではない」（p.83）ことを指摘している。

Bourgeois & Eisenhardt（1988）および Eisenhardt（1989）は、変化の急速な環境下にある組織における戦略的意思決定プロセスを調査し、このような環境下で採用されるべきであると考えられている合理的な意図された意思決定タイプの特徴ととらえられている合理的な分析、広範囲の検索、決定の統合などを指摘している。Bourgeois & Eisenhardt（1988）は、一見両立しない概念を結合することのできる意思決定プロセスのある種のコンフィギュレーションを示そうとしているようであり、このことが（慎重に計画し素早く動くという）パラドックスを克服することができる、あるいは少なくとも何らかの戦略的意思決定プロセスのコンフィギュレーションを示すことができると主張しているのである。「分権化した力と決定の引き金が状況変化への柔軟性を通して品質を促進する一方で、合理的な分析は決定の最初の品質を

改善する」ということを、かれらは指摘している（p.833）。またかれらは、「適応的な執行をともなう速くて合理的な計画のモデル」（p.830）を提案している。このモデルにおいて、分析的考えは速く動く世界を秩序づけ、心理的に対処するメカニズムを提供する。メタレベルまたは知的なレベルで、確実性が達成されるのである。そして、開始のきっかけとなる執行決定は行動の適合メカニズムを提供する回復できない行動への早まったコミットメントを防ぐ。アクションまたは行動のレベルで、それは不確実性を維持する。「二分法の限界」を提案して、Eisenhardt（1989）はまた、「人々は部分的に合理的であるが、彼らの限界を補償するのを助けるために賢明な問題解決戦略に係わることができることもある」（訳573ページ）と論じ、認識についてのこの見方にもとづき、エグゼクティブ間の相互作用のパターンと戦略的意思決定に影響する感情についても指摘している。

　Regnér（2003）の調査結果において戦略的意思決定プロセスを識別する3つの局面が示されている：戦略と知識同化活動、センスメーキング、知識構造である。これらの局面は戦略的意思決定プロセスを分類し類型化するために使われるということを意味する。Regnér（2003）の見解は、二分法にもとづく諸研究と同様の結論を示しているようにとらえられる。つまり、それは戦略的意思決定プロセスの確かな二分論を示している。本章では、異なった視点からかれの研究を考察した。簡略的に述べるなら、意思決定プロセスの本質を記述する研究としてかれの見解をとらえる。かれが明らかにした明確な相違は、周辺あるいはセンターという「階層的な場所」（p.65）に依存するのでなく、高度にあいまいかそうでないのかという「外部コンテクスト」（p.64）に依存しているのである。

小　　括

　本章では、アクティビティ・ベースト・アプローチにもとづきつつ、プロセス設計のためのレパートリー・ビルディングおよび即興という考え方について論じた。さらにそれらの考え方は、本書が論じてきた研究動向における課題の一つであった、プロセスの二分法の克服という課題を克服しうる考え

方であることを示唆した。

　以上のことをふまえ、戦略的意思決定プロセスを組織化するためのインプリケーションを提示できるであろう。主なものは、①戦略的意思決定プロセスの分類・類型化に関する諸研究はプロセスの組織化に対して限定的な示唆を提供するものである、それゆえ②構造生成・洗練という観点から、戦略的意思決定プロセスの組織化のためにはミクロなアクティビティおよびそれらの相互作用ないし活用法を含む組織化の基本原理が探求されなければならない、そのためには③プロセス設計にかかわるアクティビティの体系化と活用の実践において「レパートリー・ビルディング」や「即興」という概念を活用する必要がある、等々である。

総括と今後の課題

　本書の究極的な目的は、意思決定主体による戦略的意思決定プロセスの組織化のための理論的実践的基本原理を明らかにすることであった。そのために、戦略的意思決定プロセス研究における諸説・諸アプローチの展開について考察しつつ、戦略的意思決定プロセスの組織化のための処方箋を提供することを目指してきた。

　コンティンジェンシー・アプローチにもとづく決定プロセスのモデル化にかかわる諸研究は、モデルを類型化し、その活用について明らかにしてきたが、各モデルがいかに形成されるのかについて詳細には論じてこなかったという限界がある。

　このことは、モデル先行ではなく、社会的相互作用の結果がモデルであるというとらえ方を示唆していると考えられる。しかしながらこのような視点だけでは不十分である。このような視点は他方で、プロセス創出をいわば自己生成的なものであるととらえており、そこで意思決定主体の役割は取り扱われていない。戦略的意思決定プロセスがどのようにしてデザインされるべきであるかということを明らかにするためには、意思決定主体がこのプロセスをどのように組織化するかあるいはどのように適切なプロセスを形成させるかが問われなければならないと考える。

　それゆえ戦略的意思決定プロセスを「非構造化された」プロセスととらえ、戦略的意思決定プロセスが新規性、複雑性、変更可能性によって特徴づけられるという観点にもとづきつつ、戦略的意思決定プロセスをミクロレベルでとらえ、意思決定主体のアクションおよびテクニック、スキルなどを含むアクティビティについて理論的に実践的に活用可能なものにするためのインプ

リケーションを提示した。

その際に、社会科学における「実践的転回」という潮流をくむ「実践としての戦略」という考え方をベースにするアクティビティ・ベースト・アプローチを援用した。

そこでは、Weick（1979、訳8ページ）による、組織について記述する際に、名詞を根絶すべきで、代わりに動詞や動名詞（あるいは進行形）を使用することで組織現象を過程として理解する必要があるという主張と、Johnson, et al.（2007）による、「現象が生き続けるための実践家のスキル、コツ、偶然的な出来事などを明らかにすることが研究対象となる」（訳60ページ）という主張は重要であった。

これらの主張と関連して、Schön（1983）が提示した基本ツールとテクニックのリテラシーを得ることのできるレパートリー・ビルディング（repertoire building）という観点を決定プロセス研究に取り入れたのがLiedtka（2000）の見解であった。

Liedtka（2000）はそこで、リーダーのあり方として、戦略思考者であるだけではなく、すべての組織メンバーの戦略思考スキルの助力者であり開発者（the enablers and developers）であることも提案している。同時に、彼女は、「広範に参加的で対話ベースであること」、「包括的なオプション、自由な選択、正しい仕様」、「戦略コンテント形成においてと同様に、プロセス形成においても試行錯誤を」、「スキルが重要」などを主張している。

以上のような視点を考慮するならば、上述のインプリケーションについて、理論的にも実践的にも妥当なプロセス設計の基本原理へと展開すること、およびプロセスにかかわるレパートリー・ビルディングや即興という考え方に依拠した基本原理についての組織メンバーによる理解と実行の促進のための施策をより広範に探索することが今後の課題の一つ目である。

意思決定にかかわる組織文化の変革にもリーダーのあり方が重要な役割を果たすと考えられる。

Roberto（2013）によれば、「…一途に意思決定の内容の身に心を奪われるようでは真のリーダーとは言えない。チームあるいは組織として、その重大

な決定にどのように取り組むかを熟慮すべきなのだ。『決定する方法を決定する』というのは、その討議に誰を参加させるか、参加者の間にどのような雰囲気を作るか、参加者相互のコミュニケーションをどのようにするか、討議プロセスにおいて自分はどのような形で、どの程度まで影響力を及ぼすのか、などを検討し、決定することである」(p.XV、訳18ページ)。そしてこの観点から組織における文化の問題についても論じている。

　かれによれば、組織には「優柔不断の文化 (culture of indecision)」という重要な意思決定ができない行動パターンがある場合が少なくない。そしてこの文化には「ノーの文化 (culture of no)」、「イエスの文化 (culture of yes)」、そして「おそらくの文化 (culture of maybe)」とい３つのタイプがあるという。

　「ノーの文化」とは、代案を提出することなく提案を拒絶し、拒否権を行使し、機会ではなく障害に注目する文化のことであり、「イエスの文化」とは、ミーティングでは反対意見を発表しないが水面下で外見上のコンセンサスを挫折させる活動をする文化のことであり、そして「おそらくの文化」とは、型通りの分析を通じてすべての不確実な問題を解決しようとし、新しい情報を求めて高価な調査を行う文化のことである。

　これらの文化は働き方やコミュニケーションに関する不文律の前提に根ざしていることが多いため、このパターンを変えることは難しいが、それを変化させる最初のステップは、マネジメント・チームとの付き合い方を検討することである。そして模範となる行動の手本を自ら示し、建設的な対立を奨励し、なおかつタイミングよく効率的に会議を締めくくることが文化を変える第一歩であるという。つまり文化を変えるためには、リーダーがその姿勢で手本を示すことが重要であるということである。かれのこの見解はやや単純なようにもとらえることができるが、重要な示唆を含んでいる。それは組織文化を変える際に、リーダーやマネジャーの行動の変化という非常に理解しやすく（やや乱暴にいうと）簡単な方法があるかもしれないということである。

　このことと関連して、組織の意思決定を改善するために文化を変えるその他の方法として、有名な GE（ゼネラル・エレクトリック）社のワークアウトと

いう活動がある。

　GE のワークアウトは、ためらうことなく対話することで問題解決を改善するためのミクロのアクティビティの例として考えられる。そこではフォーラム（公開討論）を推奨し、実践者間の対話の機会を作り、創造性が育まれている。これはタウンミーティングのようなイベントで、世界中の GE で開催されている。一つのイベントで 2 ～ 3 日間実行され、30 ～ 100 人の従業員が参加し、外部のファシリテーター（会議などにおいて司会をして対話を促進する役割を担当する人）を招待して、自分の仕事をどのように改善すべきかを議論するものである。

　Ulrich, *et al.*（2002）によると、職域を越えた、またはレベルを超えた、または両方のマネジャーと従業員の小グループが、重要なビジネス上の問題に対処し、推奨事項を作成し、タウンミーティングでシニアリーダーに提示する。開かれた対話の後、リーダーはそれらの推奨事項について「その場で、はいまたはいいえ」の決定を行い、承認されたものを実行する権限を人々に与え、その後、結果が実際に達成されることを確認するために進捗状況を定期的にレビューする（p.23）。

　かれらは、ワークアウトセッション（トレーニングをする会）のようなオフサイト（職場や現場を離れた場）の設定で新しい行動を受け入れることは、仕事上で行うよりもはるかに容易であると述べている。そしてオフサイトミーティングという「不自然な場所での不自然な行動」が仕事の場という「自然な場所での自然な行動」の実現へと向かうことが「文化の変革」を生み出すかもしれないことを示唆している。要するに、組織内の意思決定スタイルに関連する文化、行動パターン、または習慣を変更するために、コミュニケーションを改善する新しい行動を促進するミクロなアクティビティとしてのゆるやかな制度や仕掛けを導入することが求められているということであろう。

　これらのことをふまえ以下のようなインプリケーションを提案できるだろう。

　1．コミュニケーションを改善する新しい行動の促進に貢献するミクロのアクティビティを探索・収集する、2．ミクロのアクティビティには、コ

ミュニケーションの改善のために、ルール、制度、考え方、スキル、仕掛け
などを含める必要がある、3. リーダーは、望ましい行動のモデルを示し、
新しい行動を導入し、行動の促進者および開発者になる必要がある、などで
ある。これらのインプリケーションをより具体化することが二つ目の今後の
課題である。

最後で三つ目の課題として、経営戦略論にかかわるより広範な課題につい
て述べておきたい。

経営戦略研究においてコンテント論と戦略実行の問題に関連した課題があ
る。この研究は、一般的にコンテント論とプロセス論に大きく分類されてき
たが、当然ながら両方の研究が求められる。本書はいうまでもなくプロセス
論と重要なかかわりがあるものであるが、コンテント論の重要性を軽視する
ものではない。戦略的意思決定プロセスにおける意思決定主体の意思決定者
としての役割という点からみて、コンテント論は非常に重要な役割、とくに
意思決定のための知識を提供するという役割がある。コンテント論が提供し
てくれるものは、たとえば成功したもしくは失敗した戦略は何であり、なぜ
そうなったかなどを分析するものであるが、これらは意思決定プロセスにお
いて分析されるべき多様な知識である。意思決定プロセスでなされる自社な
いし他社分析、業界ないし環境分析、選択肢の創出、等々はコンテントに対
する知識がなくては、当然ながら不可能である。

さらにこのコンテントとならんで、戦略的思考も重要な知識である。戦略
的思考とは、複雑な状況において問題を発見あるいは設定し解決策を創出す
る思考であると考えられるが、これに関する知識によって、たとえば、他社
ないし業界の動向を読んだり、他社ないし他業界の模範例を自社に応用した
りすることを可能にする知識を提供するのである。

このような知識は、読んだり考えたりするのと同様に、行動からも学べる
という主張があり、つまり知識が行動と結びついていることが重要であり、
ここに実行の問題がある。最近経営戦略論の領域でも実行の問題が重要な要
素としてとらえられてきたが、これまで理論的にも実践的にも、詳細に取り
上げられてこなかったことを指摘できるであろう。しかしながら、実行とは

体系的なプロセスであり、戦略に不可欠であり、リーダーの最大の仕事であり、企業文化の中核であるべきである（Bossidy, *et al.*［2002］、訳 27 ページ）。

　このような実行の問題やコンテント論を戦略的意思決定プロセス研究においてどのように位置づけていくのかという問題がある。これらの問題の解決もまた今後の重要な課題である。

参 考 文 献

Aldrich, H. E. (1979) *Organizations and Environments*, Prentice-Hall, Inc.

Allison, G. T. (1971) *Essence of Decision: Explaining the Cuban Missile Crisis*, Boston: Little, Brown. (宮里政玄訳『決定の本質―キューバ・ミサイル危機の分析』中央公論社、1977 年。)

Anderson, C. R. & F. T. Paine (1975) 'Managerial Perceptions and Strategic Behavior', *Academy of Management Journal*, Vol.18, No.4, pp.811-823.

Andrews, K. R., E. P. Learned, C. R. Christensen & W. D. Guth (1965) *Business Policy: Text and Cases*, Home-Wood / Ill, Irwin.

Andrews, K. R. (1971) *The Concept of Corporate Strategy*, Dow Jones-Irwin. (山田一郎訳『経営戦略論』産業能率短期大学出版部、1976 年。)

Ansoff, H. I. (1965) *Corporate Strategy*, McGraw-Hill. (広田寿亮訳『企業戦略論』産業能率短期大学出版部、1969 年。)

Ansoff, H. I. (1978) *Strategic Management*, The Macmillan Press. (中村元一訳『戦略経営論』産業能率大学出版部、1980 年。)

Ansoff, H. I. (1987) 'The Emerging Paradigm of Strategic Behavior', *Strategic Management Journal*, Vol.8, pp.501-515.

Ansoff, H. I. (1990) *Implanting Strategic Management*, Prentice-Hall International (UK) Ltd. (黒田哲彦監訳『「戦略経営」の実践原理』ダイヤモンド社、1994 年。)

Ansoff, H. I. (1991) 'Critique of Henry Mintzberg's The Design School: Reconsidering the Basic Premises of Strategic Management', *Strategic Management Journal*, Vol.12, pp.449-461.

Barnard, C. I. (1938) *The Functions of the Executive*, Harvard University Press. (山本安次郎・田杉競・飯野春樹訳『[新訳] 経営者の役割』ダイヤモンド社、1968 年。)

Berliner, P. F. (1994) *Thinking in Jazz: The Infinite Art of Improvisation*, University of Chicago Press.

Blumer, H. (1969) *Symbolic Interactionism: Perspective and Method*, Prentice-Hall, Inc. (後藤将之訳『シンボリック相互作用論―パースペクティヴと方法』勁草書房、1991 年。)

Bossidy, L., R. Charan & C. Burck (2002) *Exection: The Discipline of Getting Things Done*, Crown Publishers. (高遠裕子訳『経営は「実行」』日本経済新聞

社、2003 年。）

Bourgeois, L. J. & K. M. Eisenhardt（1988）'Strategic Decision Processes in High Velocity Environments: Four Cases in the Microcomputer Industry', *Management Science*, Vol.34, No.7, pp.816-835.

Brown, S. L. & K. L. Eisenhardt（1998）*Competing on the Edge: Strategy as Structured Chaos*, Boston: Harvard Business School Press.（佐藤洋一監訳『変化に勝つ経営―コンピーティング・オン・ザ・エッジ戦略とは？』トッパン、1999 年。）

Buckley, W.（1967）*Sociology and Modern Systems Theory*, Prentice-Hall, Inc.（新睦人・中野秀一郎訳『一般社会システム論』誠信書房、1980 年。）

文智彦（2004）「組織における戦略形成プロセス」、権泰吉・高橋正泰編著『組織と戦略』文眞堂、第 2 章、pp.16-40。

文智彦（2005）「戦略的意思決定プロセスにかんする諸研究の検討」、『埼玉学園大学紀要経営学部篇』（第 5 号）、pp.37-49。

文智彦（2006）「公式的戦略計画システムの進化の検討」、『埼玉学園大学紀要経営学部篇』（第 6 号）、pp.1-13。

文智彦（2007）「伝統的な戦略的意思決定プロセスの考察」、『埼玉学園大学紀要経営学部篇』（第 7 号）、pp.1-11。

文智彦（2009）「戦略的意思決定プロセス研究における二分法とその統合の可能性」、『埼玉学園大学紀要経営学部篇』（第 9 号）、pp.15-27。

文智彦（2009）「戦略的意思決定プロセスの包括的モデル―『戦略的意思決定における基本プロセス・認知・アクション』の相互作用モデル」、三浦庸男・張英莉編著『現代社会の課題と経営学のアプローチ』八千代出版、第 1 章、pp.3-28。

Burgelman, R. A.（1983）'A Model of the Interaction of Strategic Behavior, Corporate Context, and the Concept of Strategy', *Academy of Management Review*, Vol.8, No.1, pp.61-70.

Burgelman, R. A.（1988）'Strategy Making as a Social Learning Process: The Case of Internal Corporate Venturing', *Interfaces*, Vol.18, No.3, May-June, pp.74-85.

Burgelman, R. A.（2002）*Strategy is Destiny: How Strategy-Making Shapes a Company's Future*, New York: Free Press.（石橋善一郎・宇田理訳『インテルの戦略』ダイヤモンド社、2006 年。）

Burns, T. & G. M. Stalker（1961）*The Management of Innovation*, London: Tavistock.

Burr, V.（1995）*An Introduction to Social Constructionism*, Routledge.（田中一彦

訳『社会的構築主義への招待—言説分析とは何か』川島書店、1997 年。）

Chaffee, E. E. (1985) 'Three Models of Strategy', *Academy of Management Review*, Vol.10, No.1, pp.89-98.

Chakravarthy, B. S. & R. E. White (2002) 'Strategic Process: Forming, Implementing and Changing Strategy', In Pettigrew, A. M., H. Thomas & R. Whittington (eds.), *Handbook of Strategy & Management*, Sage Publications.

Chandler, Jr., A. D. (1962) *Strategy and Structure*, The M. I. T. Press, MA. （三菱経済研究所訳『経営戦略と組織』実業之日本社、1967 年。）

Child, J. (1972) 'Organizational Structure, Environment and Performance: The Role of Strategic Choice', *Sociology*, Vol.6, pp.1-22.

Christensen, C. M. & M. E. Raynor (2003) *The Innovator's Solution*, Harvard Business School Publishing Corporation. （櫻井祐子訳『イノベーションへの解』翔泳社、2003 年。）

Cohen, M. D., J. G. March & J. P. Olsen (1972) 'A Garbage Can Model of Organizational Choice', *Administrative Science Quarterly*, Vol.17, No.1, pp.1-25.

Dean, Jr., J. W. & M. P. Sharfman (1993) 'Procedural Rationality in the Strategic Decision Making Process', *Journal of Management Studies*, Vol.30, No.4, pp.607-630.

Dess, G. G. & D. W. Beard (1984) 'Dimentions of Organizational Task Environments', *Administrative Science Quarterly*, Vol.29, pp.52-73.

Duncan, R. B. (1972) 'Characteristics of Organizational Environments and Perceived Environmental Uncertainty', *Administrative Science Quarterly*, Vol.17, pp.313-327.

Dutton, J. E., L. Fahey & V. K. Narayanan (1983) 'Toward Understanding Strategic Issue Diagnosis', *Strategic Management Journal*, Vol.4, No.4, October-December, pp.307-323.

Dutton, J. E. & S. E. Jackson (1987) 'Categorizing Strategic Issues: Links to Organizational Action', *Academy of Management Review*, Vol.12, No.1, January, pp.76-90.

Eisenhardt, K. M. (1989) 'Making Fast Strategic Decisions in High-Velocity Environments', *Academy of Management Journal*, Vol.32, No.3, pp.543-576.

Eisenhardt, K. M. & M. J. Zbaracki (1992) 'Strategic Decision Making', *Strategic Management Journal*, Vol.13, pp.17-37.

Eisenhardt, K. M. (1997) 'Strategic Decision Making as Improvisation', In Papadakis, V. & P. Barwise (eds.), *Strategic Decisions*, Kluwer Academic Publishers.

Eisenhardt, K. M. & D. N. Sull (2001) 'Strategy as Simple Rules', *Harvard Business Review*, Vol.79, No.1, January, pp.106-116.（スコフィールド素子訳「シンプル・ルール戦略―複雑な市場環境を生き抜く」、『ハーバード・ビジネス・レビュー』2006年4月号、pp.94-109。）

Fahey, L. (1981) 'On Strategic Management Decision Processes', *Strategic Management Journal*, Vol.2, pp.43-60.

Feldman, M. S. & B. T. Pentland (2003) 'Reconceptualizing Organizational Routines as a Source of Flexibility and Change', *Administrative Science Quarterly*, Vol.48, pp.94-118.

Fredrickson, J. W. (1983) 'Strategic Process Research: Questions and Recommendations', *Academy of Management Review*, Vol.8, pp.565-575.

Fredrickson, J. W. (1984) 'The Comprehensiveness of Strategic Decision Processes: Extension, Observations, Future Directions', *Academy of Management Journal*, Vol.27, No.3, September, pp.445-466.

Fredrickson, J. W. & T. R. Mitchell (1984) 'Strategic Decision Processes: Comprehensiveness and Performance in an Industry with an Unstable Environment', *Academy of Management Journal*, Vol.27, No.2, June, pp.399-423.

Fredrickson, J. W. (1986) 'The Strategic Decision Process and Organizational Structure', *Academy of Management Review*, Vol.11, No.2, pp.280-297.

Galbraith, J. R. & D. A. Nathanson (1978) *Strategy Implementation: The Role of Structure and Process*, West Publishing Co.（岸田民樹訳『経営戦略と組織デザイン』白桃書房、1989年。）

Glick, W. H., C. C. Miller & G. P. Huber (1993) 'The Impact of Upper-Echelon Diversity on Organizational Performance', In Huber, G. P. & W. H. Glick (eds.), *Organizational Change and Redesign: Ideas and Insights for Improving Performance*, New York: Oxford University Press, pp.176-214.

Goold, M. (1992) 'Research Notes and Communications Design, Learning and Planning: A Further Observation on the Design School Debate', *Strategic Management Journal*, Vol.13, pp.169-170.

Goold, M. (1996) 'Learning, Planning, and Strategy: Extra Time', *California Management Review*, Vol.38, No.4, Summer, pp.100-102.

Govindarajan, V. & C. Trimble (2005) *The Rules for Strategic Innovators*, Harvard Business Review Press.（酒井泰介訳『ストラテジック・イノベーション―戦略的イノベーターに捧げる10の提言』翔泳社、2013年。）

Grant, R. M. (2003) 'Strategic Planning in a Turbulent Environment', *Strategic Management Journal*, Vol.24, pp.491-517.

Gray, D. H. (1986) 'Uses and Misuses of Strategic Planning', *Harvard Business Review,* January–February, pp.89–97.

Hall, R. H. (1977) *Organizations: Structure and Process,* Prentice–Hall, Inc.

Hambrick, D. C. & P. A. Mason (1984) 'Upper Echelon: The Organization as a Reflection of its Top Managers', *Academy of Management Review,* Vol.9, pp.193–206.

Hamel, G. & C. K. Prahalad (1994) *Competing for the Future,* Boston: Harvard Business School Press.（一條和生訳『コア・コンピタンス経営』日本経済新聞社、1995 年。）

Hart, S. L. (1991) 'Intentionality and Autonomy in Strategy–Making Process: Modes, Archetypes, and Firm Performance', *Advances in Strategic Management,* Vol.7, pp.97–127.

Hart, S. L. (1992) 'An Integrative Framework for Strategy–Making Process', *Academy of Management Review,* Vol.17, No.2, pp.327–351.

Hickson, D. J., R. J. Butler, D. Cray, G. R. Mallory & D. C. Wilson (1986) *Top Decisions: Strategic Decision–Making in Organizations,* Jossey–Bass Publishers.

Hofer, C. W. & D. Schendel (1978) *Stratregy Formulation: Analytical Concepts,* West Publishing Co.（奥村昭博・榊原清則・野中郁次郎訳『戦略策定—その理論と手法』千倉書房、1981 年。）

Jarzabkowski, P. (2005) *Strategy as Practice: An Activity–Based Approach,* Sage Publications.

Jarzabkowski, P., J. Balogun & D. Seidl (2007) 'Strategizing: The Challenges of a Practice Perspective', *Human Relations,* Vol.60, No.1, pp.5–27.

Johnson, G., L. Melin & R. Whittington (2003) 'Micro Strategy and Strategizing: Towards an Activity–Baced View', *Journal of Management Studies,* Vol.40, No1, pp.3–22.

Johnson, G., A. Langley, L. Melin & R. Whittington (2007) 'Introducing the Strategy as Practice Perspective', *Strategy as Practice: Research Directions and Resources,* Cambridge University Press, pp.3–29.

Judge, W. Q. & A. Miller (1991) 'Antecedents and Outcomes of Decision Speed in Different Environmental Contexts', *Academy of Management Journal,* Vol.34, No.2, June, pp.449–463.

加護野忠男・野中郁次郎・榊原清則・奥村昭博 (1983)『日米企業の経営比較』日本経済新聞社。

Khandwalla P. N. (1977) *The Design of Organizations,* Harcourt Publishers Ltd.

Langley, A. (1989) 'In Search of Rationality: The Purposes Behind the Use of

Formal Analysis in Organizations', *Administrative Science Quarterly*, Vol.34, No.4, pp.598-631.

Langley, A. (1991) 'Formal Analysis and Strategic Decision Making', *Omega*, Vol.9, No.2-3, pp.79-99.

Langley, A., H. Mintzberg, P. Pitcher, E. Posada & J. Saint-Macary (1995) 'Opening Up Decision Making: The View from the Black Stool', *Organization Science*, Vol.6, No.3, May-June, pp.260-279.

Latour, B. (1986) 'The Power of Association', In Law, J. (ed.), *Power, Action, and Belief: A New Sociology of Knowledge?*, Routledge & Kegan Paul, pp.264-280.

Latour, B. (2005) *Reassembling the Social: An Introduction to Actor-Network-Theory*, New York: Oxford University Press. (伊藤嘉高訳『社会的なものを組み直す―アクターネットワーク理論入門』法政大学出版局、2019 年。)

Lawrence, P. R. & J. W. Lorsch (1967) *Organization and Environment: Managing Differentiation and Integration*, Harvard University Press. (吉田博訳『組織の条件適応理論』産業能率短期大学出版部、1977 年。)

Liedtka, J. (2000) 'Strategic Planning as a Contributor to Strategic Change: A Generative Model', *European Management Journal*, Vol.18, No.2, April, pp.195-206.

Lindblom, C. E. (1959) 'The Science of Muddling Through', *Public Administration Review*, Vol.19, No.2, pp.79-88.

Mair, A. (1998) 'Case1: Reconciling Managerial Dichotomies at Honda Motors', In de Wit, B. & R. Meyer (eds.), *Strategy: Process, Content, Context*, 2nd edition, International Thomson Business Press, pp.839-911.

Mair, A. (1999) 'Learning from Honda', *Journal of Management Studies*, Vol.36, No.1, January, pp.25-44.

Mangham, I. L. & A. Pye (1991) *The Doing of Managing*, Blackwell.

Mankins, M. C. & R. Steele (2006) 'Stop Making Plans: Start Making Decisions', *Harvard Business Review*, Vol.84, No.1, January, pp.76-84. (マクドナルド京子訳「戦略立案と意思決定の断絶―ボトルネックは戦略プランニングにある」、『ハーバード・ビジネス・レビュー』2006 年 4 月号、pp.128-139。)

March, J. G. & J. P. Olsen (1976) *Ambiguity and Choice in Organizations*, Universitetsforlaget.

March, J. G. (1991) 'Exploration and Exploitation in Organizational Learning', *Organization Science*, Vol.3, No.1, February, pp.71-87.

Miles, R. E. & C. C. Snow (1978) *Organizational Strategy, Structure, and Process*,

McGraw-Hill.

Miller, D. & P. H. Friesen (1983) 'Strategy-Making and Environment: The Third Link', *Strategic Management Journal*, Vol.4, pp.221-235.

Miller, D. (1986) 'Configurations of Strategy and Structure: Towards a Synthesis', *Strategic Management Journal*, Vol.7, No.3, May-June, pp.233-249.

Miller, D. (1987) 'Strategy Making and Structure: Analysis and Implications for Performance', *Academy of Management Journal*, Vol.30, No.1, March, pp.7-32.

Miller, D., C. Droge & J. M. Toulouse (1988) 'Strategic Process and Content as Mediators between Organizational Context and Structure', *Academy of Management Journal*, Vol.31, No.3, September, pp.544-569.

Miller, D. (1996) 'Configurations Revisited', *Strategic Management Journal*, Vol.17, No.7, pp.505-512.

Mintzberg, H. (1973) 'Strategy-Making in Three Modes', *California Management Review*, Vol.16, No2, Winter, pp.44-53.

Mintzberg, H., D. Raisinghani & A. Theoret (1976) 'The Structure of "Unstructured" Decision Processes', *Administrative Science Quarterly*, Vol.21, June, pp.246-275.

Mintzberg, H. (1978) 'Patterns in Strategy Formation', *Management Science*, Vol.24, No.9, pp.934-948.

Mintzberg, H. (1979) 'An Emerging Strategy of "Direct" Research', *Administrative Science Quarterly*, Vol.24, December, pp.582-589.

Mintzberg, H. & J. A. Waters (1985) 'Of Strategies, Deliberate and Emergent', *Strategic Management Journal*, Vol.6, pp.257-272.

Mintzberg, H. (1989) *Mintzberg on Management: Inside Our Strange World of Organization*, New York: Free Press. (北野利信訳『人間感覚のマネジメント—行き過ぎた合理主義への抗議』ダイヤモンド社、1991年。)

Mintzberg, H. (1990) 'The Design School: Reconsidering the Basic Premises of Strategic Management', *Strategic Management Journal*, Vol.11, pp.171-195

Mintzberg, H. (1991) 'Research Notes and Communications Learning 1, Planning 0 Reply to Igor Ansoff', *Strategic Management Journal*, Vol.12, pp.463-466.

Mintzberg, H. (1994) *The Rise and Fall of Strategic Planning*, New York: Free Press. (中村元一監訳『戦略計画—創造的破壊の時代』産能大学出版部、1997年。)

Mintzberg, H. (1996) 'Reply to Michael Goold', *California Management Review*, Vol.38, No.4, Summer, pp.96-99.

Mintzberg, H., B. Ahlstrand & J. Lampel (1998) *Strategy Safari: A Guided Tour through the Wilds of Strategic Management*, New York: Free Press.（斎藤嘉則監訳『戦略サファリ―戦略マネジメント・ガイドブック』東洋経済新聞社、1999 年。）

Mito, S.（1990）*The Honda Books of Management*, The Athlone Press.

Papadakis, V., S. Lioukas & D. Chambers（1998）'Strategic Decision-Making Processes: The Role of Management and Context', *Strategic Management Journal*. Vol.19, pp.115-147.

Pascale, R. T.（1984）'Perspectives on Strategy: The Real Story behind Honda's Success', *California Management Review*, Vol.26, No.3, Spring, pp.47-72.

Pascale, R. T.（1996a）'The Honda Effect', *California Management Review*, Vol.38, No.4, Summer, pp.80-91.

Pascale, R. T.（1996b）'Reflections on Honda', *California Management Review*, Vol.38, No.4, Summer, pp.112-117.

Pettigrew, A. M.（1973）*The Politics of Organizational Decision-Making*, London: Tavistock.

Priem, R., A. Rasheed & A. Kotulic（1995）'Rationality in Strategic Decision Processes, Environmental Dynamism and Firm Performance', *Journal of Management*, Vol.21, No.5, pp.913-929.

Quinn, J. B.（1978）'Strategic Change: Logical Incrementalism', *Sloan Management Review*, Fall, pp.7-21.

Quinn, J. B.（1980）'Managing Strategic Change', *Sloan Management Review*, Summer, pp.3-20.

Quinn, J. B.（1982）'Managing Strategies Incrementally', *Omega*, Vol.10, No.6, pp.613-627.

Rajagopalan, N., A. Rasheed & D. K. Datta（1993）'Strategic Decision Process: Critical View and Future Direction', *Journal of Management*, Vol.19, pp.349-384.

Rajagopalan, N., A. Rasheed, D. K. Datta & G. M. Spreitzer（1997）'A Multi-Theoretic Model of Strategic Decision Making Processes', In Papadakis, V. & P. Barwise（eds.）, *Strategic Decisions,* Kluwer Academic Publishers, pp.229-249.

Regnér, P.（2003）'Strategic Creation in the Periphery: Inductive Versus Deductive Strategy Making', *Journal of management Studies*, Vol.40, January, pp.57-82.

Roberto, M. A.（2013）*Why Great Leaders Don't Take Yes for an Answer: Managing for Conflict and Consensus*, Pearson Education, Inc.（スカイライト・コ

ンサルティング訳『決断の本質―プロセス志向の意思決定マネジメント』栄治
出版、2006 年。）

Rogers, P. & M. Blenko（2006）'Who has the D?: How Clear Decision Roles En-
　　hance Organizational Performance', *Harvard Business Review*, Vol.84, No.1,
　　January, pp.52-61.（酒井泰介訳「意思決定の RAPID モデル―役割を明確にす
　　れば、組織能力が上がる」、『ハーバード・ビジネス・レビュー』2006 年 4 月号、
　　pp.116-126。）

Rumelt, R. P., D. Schendel & D. J. Teece（eds.）（1994）*Fundamental Issues in*
　　Strategy, Boston: Harvard Business School Press.

Rumelt, R. P.（1996）'The Many Faces of Honda', *California Management Review*,
　　Vol.38, No.4, Summer, pp.103-111.

崎谷哲夫（1979）『ホンダ超発想経営―本田宗一郎と藤沢武夫の世界』ダイヤモン
　　ド社。

Sakiya, T.（1987）*Honda Motor*, Kodansha International.

佐藤郁哉（2006）『フィールドワーク［増訂版］―書を持って街へ出よう』新曜社。

Schön, D. A.（1983）*The Reflective Practitioner*, Basic Books.（佐藤学・秋田喜代
　　美訳『専門家の知恵―反省的実践家は行為しながら考える』ゆみる出版、2001
　　年。）

Schwenk, C. R.（1988a）'The Cognitive Perspective on Strategic Decision Mak-
　　ing', *Journal of Management Studies*, Vol.25, No.1, pp.41-55.

Schwenk, C. R.（1988b）*The Essence of Strategic Decision Making*, D. C. Heath
　　and Company.（山倉健嗣訳『戦略決定の本質』文眞堂、1998 年。）

Shrivastava, P. & J. H. Grant（1985）'Empirically Derived Models of Strategic De-
　　cision-Making Processes', *Strategic Management Journal*, Vol.6, No.2, April-
　　June, pp.97-113.

Simon, H. A.（1947）*Administrative Behavior: A Study of Decision-Making Pro-*
　　cesses in Administrative Organization, 1st edition, New York: Macmillan.

Simon, H. A.（1957）*Administrative Behavior: A Study of Decision-Making Pro-*
　　cesses in Administrative Organization, 2nd edition, New York: Macmillan.（松
　　田武彦・高柳暁・二村敏子訳『経営行動』ダイヤモンド社、1965 年。）

Simon, H. A.（1960）*The New Science of Management Decision*, 1st edition, New
　　York: Harper & Brothers Publishers.

Simon, H. A.（1965）*The New Science of Management Decision*, 2nd edition, New
　　York: Harper & Brothers Publishers.

Simon, H. A.（1976）*Administrative Behavior: A Study of Decision-Making Pro-*
　　cesses in Administrative Organization, 3rd edition, New York: Free Press.（松

田武彦・高柳暁・二村敏子訳『経営行動―経営組織における意思決定プロセスの研究』ダイヤモンド社、1989 年。）

Simon, H. A.（1977）*The New Science of Management Decision*, Revised（3rd）edition, Prentice-Hall, Inc.（稲葉元吉・倉井武夫訳『意思決定の科学』産業能率大学出版部、1979 年。）

Simon, H. A.（1997）*Administrative Behavior: A Study of Decision-Making Processes in Administrative Organizations*, 4th edition, New York: Free Press.（二村敏子・桑田耕太郎・高尾義明・西脇暢子・高柳美香訳『経営行動―経営組織における意思決定過程の研究』ダイヤモンド社、2009 年。）

Steiner, G. A.（1979）*Strategic Planning: What Every Manager Must Know*, New York: Free Press.

Stubbart, C. I.（1989）'Managerial Cognition: A Missing Link in Strategic Management Research', *Journal of Management Studies*, Vol.26, No.4, July, pp.325-347.

高橋正泰（1998）『組織シンボリズム―メタファーの組織論』同文舘出版。

高橋正泰（2005）「ポストモダニズムと組織のアプローチ」、岩内亮一・高橋正泰・村田潔・青木克生『ポストモダン組織論』同文舘出版、第 5 章。

Ulrich, D., S. Kerr & R. Ashkenas（2002）*The GE Work-Out*, McGraw-Hill.（高橋透・伊藤武志訳『GE 式ワークアウト』日経 BP 社、2003 年。）

Weick, K. E.（1979）*The Social Psychology of Organizing*, 2nd edition, McGraw-Hill.（遠田雄志訳『組織化の社会心理学［第 2 版］』文眞堂、1997 年。）

Weick, K. E.（1995）*Sensemaking in Organization*, Sage Publications.（遠田雄志・西本直人訳『センスメーキング　イン　オーガニゼーション』文眞堂、2001 年。）

Weick, K. E.（1998）'Improvisation as a Mindset for Organizational Analysis', *Organization Science*, Vol.9, No.5, September-October, pp.543-555.

Wenger, E., R. McDermott & W. M. Snyder（2002）*Cultivating Communities of Practice*, Boston: Harvard Business School Press.（野村恭彦監修、野中郁次郎解説、櫻井祐子訳『コミュニティ・オブ・プラクティス―ナレッジ社会の新たな知識形態の実践』翔泳社、2002 年。）

Whittington, R.（2001）*What is Strategy: And Does it Matter?*, Thomson Business Press.（須田敏子・原田順子訳『戦略とは何か？―本質を捉える 4 つのアプローチ』慶応義塾大学出版会、2008 年。）

Whittington, R.（2003）'The Work of Strategizing and Organazing: For a Practice Perspective', *Strategic Organization*, Vol.1, No.1, pp.117-125.

Wilson, I.（1994）'Strategic Planning isn't Dead: It Changed', *Long Range Planning*, Vol.27, No.4, pp.12-24.

事 項 索 引

人名索引

著 者 紹 介

文　智彦（ぶん　ともひこ）

1996年　明治大学大学院経営学研究科経営学専攻博士後期課程満期退学
博士（経営学）　明治大学
埼玉学園大学経済経営学部教授、明治大学大学院経営学研究科兼任講師

主要著書

『組織と戦略』文眞堂、2004年（共著）

『現代社会の課題と経営学のアプローチ』八千代出版、2009年（共著）

『現代社会における組織と企業行動』社会評論社、2012年（共著）

埼玉学園大学研究叢書　第20巻
戦略的意思決定プロセス論の展開

2021年1月15日　第1版1刷発行

著　者—文　　智彦

発行者—森　口　恵美子

印刷所—壮 光 舎 印 刷 ㈱

製本所—渡 邉 製 本 ㈱

発行所—八千代出版株式会社

〒101
-0061　　東京都千代田区神田三崎町 2-2-13

TEL　　03-3262-0420

FAX　　03-3237-0723

振替　　00190-4-168060

＊定価はカバーに表示してあります。

＊落丁・乱丁本はお取替えいたします。

ISBN978-4-8429-1796-2